初心者のための経済学

長谷川啓之
太田辰幸
関谷喜三郎　著
片平光昭
安田武彦

目次

まえがき··· 5

第1章　経済と経済学についての基本的な問題·············長谷川啓之 11

はじめに··· 11

第1節　経済と経済学をどのように考えればいいのだろうか················· 11

第2節　経済をどう見ればいいのだろうか··· 14

第3節　経済の歴史をどうみればいいのだろうか································ 17

第4節　近代経済学はいつ，誰によって体系化されたのだろうか──古典派経済学の誕生と発展·· 21

第5節　古典派経済学から新古典派経済学への発展····························· 25

第6節　現代の経済学はどうなっているのだろうか···························· 28

おわりに··· 32

第2章　市場経済の基本的な構図を考える·····················関谷喜三郎 33

はじめに··· 33

第1節　経済の循環と市場の成立·· 34

第2節　市場メカニズムが果たす基本的な役割は何か·························· 35

第3節　需要・供給の原則について考える··· 40

第4節　市場メカニズムを通じて資源配分は効率的にされる················· 44

第5節　市場メカニズムにも限界がある·· 46

第3章　需要曲線の世界を見てみよう··························関谷喜三郎 49

はじめに··· 49

第1節　消費者の行動が合理的な理由は何か······································ 49

第2節　需要曲線はなぜシフトするか……………………………………54
　第3節　需要の価格弾力性とは何か………………………………………56
　第4節　需要法則にも例外がある…………………………………………60

第4章　供給曲線の世界を見てみよう……………………………関谷喜三郎　63

　はじめに………………………………………………………………………63
　第1節　生産者の行動が合理的な理由は何か……………………………63
　第2節　供給の価格弾力性とは何か………………………………………67
　第3節　市場の動きと企業の戦略を考える………………………………71
　第4節　市場と企業活動による資源の配分………………………………73

第5章　完全競争市場はどの程度効率的といえるだろうか………安田武彦　75

　はじめに………………………………………………………………………75
　第1節　需要と供給によって価格はどう決定されるのか………………75
　第2節　資源配分の余剰分析について考える……………………………81
　第3節　競争市場の効率性が阻害される場合について考えてみよう…84
　第4節　課税するとどのような影響が生まれるか………………………85
　第5節　自由貿易によるメリットと問題点は何か………………………86

第6章　独占・独占的競争・寡占について考える…………………安田武彦　88

　はじめに………………………………………………………………………88
　第1節　不完全競争の世界を見てみよう…………………………………89
　第2節　独占市場について見てみよう……………………………………91
　第3節　企業の製品差別化戦略とは何か…………………………………92
　第4節　囚人のジレンマって何だろう？…………………………………97

第7章　市場で解決できないとき必要な政府の役割とは何か………安田武彦　104

はじめに……………………………………………………………………… *104*
　　第1節　環境問題についてはどのように考えればいいか……………… *105*
　　第2節　外部効果の解決には費用がかかる……………………………… *108*
　　第3節　公共財はなぜタダなのか………………………………………… *110*
　　第4節　「レモンの市場」とは何だろうか……………………………… *113*

第8章　マクロ経済学とその課題は何だろうか……………………太田辰幸 *115*

　　はじめに……………………………………………………………………… *115*
　　第1節　マクロ経済学とは？……………………………………………… *116*
　　第2節　マクロ経済学では何が課題となるのであろうか？…………… *117*
　　第3節　マクロ経済現象の分析にはどのような方法があるのだろうか… *123*

第9章　国民経済の循環はどのように理解したらいいだろうか……太田辰幸 *127*

　　はじめに……………………………………………………………………… *127*
　　第1節　経済循環の基本的構造とはどのようなことだろうか………… *127*
　　第2節　マクロ経済学の2つの基本概念について——国民総生産と国民所得… *132*

第10章　国民所得はどのように決まるのだろうか……………………太田辰幸 *142*

　　はじめに……………………………………………………………………… *142*
　　第1節　国民所得は総需要の大きさ次第によって決まる……………… *143*
　　第2節　総需要はどのように決まるのであろうか……………………… *148*
　　第3節　均衡国民所得はどのようにして求めるか……………………… *152*

第11章　民間の投資活動と国民経済に与える政府の役割を考える　片平光昭 *156*

　　はじめに……………………………………………………………………… *156*
　　第1節　投資にはさまざまな種類がある………………………………… *157*

第2節　投資規模を決める要因とメカニズムを考えてみよう……………… *160*

　　第3節　政府が国民所得に及ぼす影響を見てみよう……………………… *164*

第12章　貨幣市場と利子率の関係を考えてみよう……………… 片平光昭 *170*

　　はじめに……………………………………………………………………… *170*

　　第1節　貨幣とは何を指すのだろうか……………………………………… *171*

　　第2節　貨幣の需要とは何のことだろうか………………………………… *174*

　　第3節　貨幣の供給とは何のことだろうか………………………………… *176*

　　第4節　利子率はどのように決定され, それが経済にいかなる影響を与えうる
　　　　　　だろうか……………………………………………………………… *180*

第13章　経済は循環すると同時に成長する…………………………… 片平光昭 *184*

　　はじめに……………………………………………………………………… *184*

　　第1節　景気循環とはどういう意味だろうか……………………………… *185*

　　第2節　景気の動きを知るには何を見ればいいのだろうか……………… *188*

　　第3節　経済の成長を知るには何を見ればいいのだろうか……………… *189*

第14章　日本経済を経済理論で見るとどうなるだろうか………… 長谷川啓之 *195*

　　はじめに……………………………………………………………………… *195*

　　第1節　国民所得の理論と実際の国民所得の計算を比べてみる………… *196*

　　第2節　戦後日本の驚異的な経済成長とその帰結………………………… *199*

　　第3節　戦後日本の景気循環を見てみよう………………………………… *203*

　　第4節　雇用と物価はどんな関係にあるのだろうか……………………… *208*

　　第5節　日本経済のミクロ的側面を見てみよう…………………………… *211*

　　おわりに……………………………………………………………………… *215*

索引……………………………………………………………………………………… *217*

まえがき

　この本は，近代経済学を将来，経済学だけでなく会計学，商学（マーケティングや流通問題など）や経営学（企業論，経営者論，経営計画，企業の意思決定，経営組織論など）を勉強する学生諸君にも役立つ入門用テキストです。この本の最も重要な目的は以下の点にあります。

　第1に，まず基礎的な経済の理論や見方，理論と現実との関係などを知ってもらうことです。そのため，理論をできる限りやさしく，具体的かつ現実的な事例を入れながら説明してあります。

　第2には，経済学以外の分野の勉強をこれから始める学生諸君にも，経済の基礎理論，経済的な見方，そして経済の理論と現実との関係などのほかに，経済学と経済学以外の分野との関連性を少しでも知ってもらうことを目的に書かれています。

　第3には，このため一般には書かれていない，現実の日本経済の動きを見ながら，経済理論との関係を考える章を設けたことです。理論を勉強した上で，最後の章を読んで自分なりに日本経済の動きを考えてみてもらいたいからです。

　さて，近代経済学は，イギリスの経済学者・アダム・スミス（1723～1790）が体系化した経済学を，19世紀から20世紀にかけて彼の後継者たちが中心になって発展させてきた経済学であり，基本的には市場経済を分析対象にしています。それには18世紀からフランス，ドイツ，スイスなどのヨーロッパ大陸の経済学者も少なからず貢献し，20世紀に入るとさらにアメリカ，その他の経済学者もその発展に貢献してきました。

　近代経済学の体系は膨大なものであり，経済理論などをいきなり理解しようとしてもそう簡単には行きません。そこで，本書は先ず経済学とはどのような学問なのか，どんな内容を対象にするのか，かりに経済学以外の分野を勉強する学生諸君であれば，それと経済学との関連性などをある程度理解してもらうことを念頭において書かれています。

主として18世紀末からイギリスで産業革命が始まり，イギリスを中心に市民社会が成立し，社会科学が誕生しました。それとともに，物理学や化学などの自然科学に倣って，社会を対象とした科学が重要な役割を果たすことが認識され始め，いくつかの人文・社会科学の分野が重要な研究対象になりました。経済学を筆頭に，社会学，法律学，歴史学，地理学などがそれです。その後，それらが大きな幹となって，社会・経済などの発展とともに，現実的な必要に応じてその幹から多くの学問分野が生まれて来ました。

　経済学では当初，国民経済の法則とかメカニズムの解明や説明が中心でした。その後，物理学のような科学を目指し，純粋経済学の樹立へと向かいました。しかし，19世紀から20世紀にかけて資本主義経済が発展するにつれ，次第に大量生産体制が生まれ，他方で大恐慌や激しい経済変動が生じ，多くの失業者や企業倒産が生まれ，国民経済を巧みに管理・運営する必要性が高まってきました。経済学は現実の経済の動きを単に説明するだけでは不十分であり，現実に起きてくる問題を解決しなければならないことが次第に判明してきました。そうすると，経済理論が現実から遊離していることに気づいたのです。

　たとえば，20世紀に入ると，アメリカを中心に，経済の中で大きな役割をになう企業の周辺でさまざまな問題が発生してきました。たとえば，いかにして企業は発展するのか，企業はいかにして設立・運営されるべきか，優れた企業家や経営者はどうすれば生まれるのか，大量に生産された商品をいかに販売すればいいのか，どうすれば企業は生産や流通のコストを引き下げることができるのか，大量生産した商品の売上高を伸ばすにはどうすればいいのか，などなどの問題が次から次へと起きてきたのです。

　こうした現実的な問題は従来の経済学の体系的な枠組みでは把握しがたいことが分かってきました。そうした中で，経済学という太い幹からさまざまな分野が新たに分析対象として登場してきたのです。たとえば経営学はその中でも特に重要な分野の1つです。経営学は，経済という大きな枠組みの中で，重要な役割を果たす企業を，経済学が主として外部から分析対象にするのに対し，内部から分析対象にする分野です。すなわち，企業はいかにしてコストを削減し，売

上高を伸ばし，利潤最大化を実現できるか，という問題から始まって，企業の経営哲学・経営理念，企業家や経営者の役割，技術革新や製品開発，企業の資金調達，株主と企業の関係，従業員の勤労意欲，従業員の昇進や昇格の仕方，人材育成の問題，経営システム，企業の社会的責任など，企業が抱えるあらゆる問題を分析し，解決しなければ，企業は発展・存続が困難であることが判明してきたのです。

　また，流通とかマーケティングの分野も大量生産・大量消費の時代には重要な分析対象になります。商品が大量に生産されれば，古典派の経済学が分析の中心にすえた，企業はいかにいい商品を効率的かつ大量に生産するか，資本家と労働者の関係はどうあるべきか，などの問題から，いかに大量に売れる商品を生産し販売するか，などの問題へと，企業活動ばかりか国の政策の焦点も移るのは当然の成り行きでした。企業は商品やサービスの流通を効率的かつ公正に行う必要があります。これも伝統的な経済学が分析対象にはしても，その中核にはすえてこなかった部分です。そこで，今日では会計学，経営学，商業学などは経済学と無関係ないし独立の存在であるかのような印象を与えるかもしれません。

　確かに，現実に起きる経済問題の解消には，伝統的な経済学では対応しきれない部分が少なくありません。しかし，それではそれらは経済学とは無関係な学問分野なのか，また経済学は経済学なりに現実問題を解決する努力をして来なかったのかといえば，いずれもその答えは否（ノー）であります。全体の経済がうまくいっていない限り，一般的に企業の発展は困難でしょう。たとえば，経済が停滞すれば企業業績も悪化し，経済が発展すれば企業も生産や売上高を拡大でき，発展する可能性が高まります。また，流通とかマーケティングも経済の発展とか成長の問題と密接に関連しています。つまり，増大した生産物がほとんど消費される段階では，流通やマーケティングもさほど重要ではないのですが，大量生産が行われ，生産より消費が重要な段階では，それらの活発な活動が必要になるでしょう。そして，それらの学問に共通する重要な点は，いずれも経済合理性を追求することです。

　このように経営や商業の問題も経済問題と極めて密接な関連があり，それゆ

えそれらを研究対象にする会計学,経営学,商業学と経済学との関連性も極めて緊密になります。それでは,それらの分野の勉強をする学生諸君が経済学を勉強するのは当然といえるかといえば,必ずしもそうではありません。なぜなら,第1に今日では会計学,経営学や商業学にはそれなりの体系化が行われており,それらを勉強すれば,それで一応の理解は可能だからです。また,それらの分野を技術的な問題としてのみ勉強すれば十分だと考えるのであれば,それも経済学抜きで,ある程度は理解できるからです。

　それなら,なぜあえて経済学を勉強するのでしょうか。それにはいくつかの理由が考えられます。ここで,それらをすべて上げる余裕はありませんので,とりあえず思いつくままに以下の点を指摘しておきましょう。

　その1つは,企業の行動や存否は経済の動きに左右される部分が極めて大きいわけですから,経済を見る目や理解する能力を身に付けておかないと,経営学や商業学そのものの中身が変化してしまうことに気づかないかもしれないからです。つまり,会計学,経営学,商業学は経済学という体系の中で理解することで,自ら現実の問題を考え,応用力を身に付ける上で極めて有用だということです。

　第2には,上述のとおり,会計学,経営学,商業学の分野を理解するためには,その基礎になっている経済学を勉強することで,それらをより深く,包括的かつ体系的に理解することができることです。この点の説明は少し難しいので,関心のある諸君は授業などで補足説明を求めて欲しいですね。

　第3には,たとえば特定の技術やノウハウを覚えて商品を売るとか,会社を作るとか,会計処理をする,などの技術的な知識や技能を身に付けるだけでは,自ら問題を考え,解決する上であまり応用が利きません。経済学が純粋な科学を求め,体系化を果たしても,それだけでは現実への適応能力を失ったことはよく知られています。それと同様に,経済学の知識を現実に適応するだけで,それが拠って立つ原理を理解できなければ,応用能力を持ちえません。車の運転免許証を取るとき,専門技術者になる訳でもないのに,筆記試験で車の構造についての試験が行われるのに似ています。そのことは,グローバリズムが進む,変転極まりない現代では,ある時点で優れた技術やノウハウであっても,それがいつま

でも役立つとは限りません。そこで，変化に適応するには，自ら工夫し，考えられる応用能力，適応能力が必要不可欠なのです。そうした事態に対応するには，経済や社会の原理にまで深く根ざして研究してきた経済理論が非常に有益であることが分かるでしょう。同じ会計学，経営学，商業学を学ぶにも，経済理論を知っている場合とそうでない場合とでは，大きな差が出ることを必ず理解することでしょう。

　最後に，最近では現実の動きに適応するため，経済学自体にも大きな変化・発展がみられます。その中でも，最も重要な例として，ゲームのルール，複雑系の経済学，取引費用の経済学，などがあります。その内容は少し難しいので，この本では詳しく説明しませんが，これらの考え方が会計学，経営学，商業学に今後，大きな影響を及ぼすことは明らかでしょう。このため，この本に書かれている経済学の基礎をきちんと理解した上で，是非これらの分野にも関心をもって欲しいと思います。その意味でも，経済学の基礎理論，その考え方や意味，理論と現実との関係などをしっかりと理解し，応用が利くようになることをこころから願っています。それには何度もこの本を読み返し，考え，そして質問することです。

2003年3月
執筆者一同

第1章　経済と経済学についての基本的な問題

担当・長谷川啓之

キーワード＝経済と経済学の違い，近代経済学，アダム・スミス，古典派経済学，新古典派経済学，限界効用学派，限界革命，個人主義，共同体主義，日本的経営，成長段階論，ロストウ，離陸期，クズネッツ，近代経済成長，取引費用の経済学

はじめに

　この章では，経済と経済学に関する基本的な問題——経済と経済学はどう違うのか，経済をどのように見ればいいのか，現実の経済は独立して存在しているのか，経済はどのような歴史を持っているのか——などといった問題について考える。もちろん，これら以外にもたくさんのことをあらかじめ知っておくと，より高度な経済学ばかりか，経営学やマーケティングなど他の関連分野の勉強にも役立つことはいうまでもない。しかし，紙数に制限があるので，詳しいことは他の科目で勉強するなり，授業で補足してほしい。本章の基本的な目的は，そこまでの橋渡しないし最小限の知識を知ってもらうことである。

第1節　経済と経済学をどのように考えればいいのだろうか

　まず第1に，経済と経済学の違いを理解しておこう。経済とは，平たくいえば，人間にとって必要なモノやサービスの生産・流通・消費に伴うさまざまな現象をさす。経済現象といってもいい。その現象の背後にある仕組みを理論的に解明しようとする学問，すなわち「経済」に関する「学」が，これからみなさんが

本書で学ぼうとする「経済学」である。

　ひとくちに経済学といっても，その対象分野はじつに広い。たとえば，経済はいかなる法則で動いているのか，経済は何を目的にするのか，なぜ一国の経済はうまくいったりいかなかったりするのか，などといった問題を，経済学は理論的，客観的に理解し，説明しようとする。最近の例でいえば，中国経済やアメリカ経済は順調なのになぜ日本経済はだめなのか，といった経済問題を理論的に解明するのも，経済学の役割の1つである。

　さらに，国によって、時代によって，またはその人の立場によってさまざまなタイプの経済学が生まれ，発展してきた。こうした経済学の流れを理解しておくことも，経済学を学ぶものにとって，大切なことである。この分野は「経済学」に関する「学」であるから，いわば「経済学学」であるが，一般に経済学という用語には，両方を含めて使うことが多い。

　ところで,「理論と現実」という対比を経済と経済学にあてはめれば,「経済」が「現実」,「経済学」が「理論」ということになる。さきに，本書の目的は経済学であるとのべたが，このことは「経済」を軽視してもよいということではない。経済という現実を軽視して，正しい理論が導き出されるはずがない。ところが世の中には，現実を知ることよりも理論を学ぶことのほうがより高尚だといった見方がなきにしもあらずである。逆もまたしかりである。

　また，しばしば現実を知らなくても理論を学べばすべてが分かると勘違いする人もいる。とくに日本の経済学の分野で，その傾向が強い。現在，主流の経済学は欧米の現実からつくられてきたものである。その歴史を忘れ，理論から現実を見てそれで説明できないと，現実が遅れているとか間違っていると考えてしまいがちである。

　日本に欧米から経済学が入ってきたのは明治維新以後（主として1880年代以後）である。西欧では19世紀後半（1870年代～1880年代ころ），経済学をはじめ社会学，歴史学，法律学，地理学などさまざまな人文社会科学の分野が独立の科学として体系化されていった。自然科学の分野で最も早く科学としての体系を整えたのは物理学であるが，18世紀アダム・スミスが創始した経済学も，その物

理学に学ぶことによって，科学として体系化する動きが生まれ，それがほぼ確立していった時代といえる。

その経済学が明治維新以後そのまま日本に入ってきた。近代化を急ぐ当時の日本には，日本の現実を分析することを通じて自ら理論を確立するという余裕はなかった。だから，いきなり欧米で生まれた理論の導入・吸収に走ったといえる。このため，経済学といえば欧米の生み出した理論を指すこととなり，それに現実を合わせることが進歩とか近代化とみなすようになった。さらには，経済学や社会学は当初から独立した学問体系として発展してきたものと勘違いをすることすらあった。

だが，それは大きな間違いである。経済学も社会学も，現実という1つの根っこから太い幹が伸び，さらにそこから必要に応じてさまざまな枝葉を出してきた学問分野の1つとして考えるべきである。その意味で，現在の日本やアジアの現実から改めて理論を考えてもおかしくはないはずであるが，往々にして既存の理論を現実に当てはめるという逆転した発想から脱却できないでいる。そのために，日本からもアジアからも経済理論が生まれないともいえよう。

そこで，現実経済を自ら分析し，理論を生み出すより，欧米理論を日本の現実に当てはめ，それによって日本経済の問題の解決法を考えるといった手法に多くの人が慣れてしまった。このため，競って欧米で生まれた新たな理論の紹介に走り，どれだけ早くそれを紹介したかが重要な意味を持つ場合さえ起きてしまった。日本で学ぶ経済学は「経済学学」だとの批判がしばしば聞かれるが，それもある程度は仕方がないであろう。もちろん，経済学も「経済学学」のどちらも重要であり，学生諸君はその両方を学ばねばならない。なぜなら，経済学はいうまでもないが，「経済学学」も人類が営々として努力し経済問題に取り組んできた歴史をあらわしており，それを知ることでわれわれは経済問題に対処する方法を少なからず知ることができるからである。しかし，だからといってアメリカやイギリスで当てはまることが日本や他のアジア諸国でもそのまま当てはまるわけではないことも知っておく必要がある。

以上は，理論を学ぶ必要と，逆に理論を学べば現実が分かるという考え方は正

しいとはいえないことを指摘した。このことは，それとは正反対に現実を見たり経験すればすべて理解できるとか，事実を見ればそれで経済が分かるという見方も大きな間違いを犯すということを意味する。現実を理解するにはまずある種の理論が不可欠であり，それに基づいて理論と現実の相互関係を考えながら，事実のより正しい認識をする必要がある。

第2節　経済をどう見ればいいのだろうか

　政治や社会には政治や社会の論理があるように，経済には経済の論理があるといわれてきた。そのことを最初に考えたのがアリストテレスであり，それをカール・ポランニーは「経済の発見」と呼んだ。経済には固有の論理やメカニズムが働いているとする考え方が純粋な経済理論を発展させてきたことは事実である。後に詳しく見るが，たとえば，企業は主として家計が消費する消費財と企業が購入する投資財を生産している。生産した消費財や投資財が売れないと，次の段階でそれらを再生産することが難しくなる。また，企業に勤める従業員は企業から給料を，企業に資本を提供した人は収益に応じて配当金をもらう，などの分配を受ける。その一部は貯蓄し，それがやがて企業の投資へとまわる。しかし，後に詳しく説明するように，それぞれの行為の主体は異なるわけだから，当初から貯蓄と投資が一致する保証はない。概して，経済が成熟してくると企業の設備投資が貯蓄を下回る。その場合，経済学的に説明すれば，企業はある程度長い将来を見越して投資するわけだから，将来どの程度もうかるか，それは利子という企業にとってのコストを上回るかどうか，を考えに入れるが，高度に成長している時期と違い，低成長の時期には将来への見通しがそれほど明るくない。そこで，投資はかなり利子が下がらないと行われにくくなる。
　ところが，現在の日本の場合を見ればわかるように，利子がほとんどゼロまで下がっても，企業の設備投資は行われない。そこで，それを打破するには技術革新が不可欠となる。ではどうすればいいのか。技術革新は経済の外から生まれることが少なくない。そうだとすれば，技術革新を生みやすい社会かどうか，そ

れが生まれたとき，それをどう評価し，製品化とか商業化するか，といったことが問題となる。

　かくして，今日では経済の固有の論理だけで現実問題を説明し，問題を解決できるとは必ずしもみなされていない。もちろん，経済には経済のメカニズムがある程度働いていることは事実であるが，純粋な経済メカニズムが働くだけでは現実問題を解決する上で，十分とはいいがたいのである。この点について，若干の例をあげて説明しておこう。

　われわれは経済がうまくいかないとさまざまな状況に直面することを知っている。たとえば，景気が悪くなると，企業の倒産，失業者の増加，給料の低下，株価の下落，などが生じる。それは非常に困ることだから，国民や企業は政府に何とかしてくれ，というだろう。政府が何とかしてくれないと，国によって政府は国民の人気を失い，やがて選挙で負けて政権を失う可能性がある。そうすると，今度は政府が困るから，政府も必死で景気の悪化を防止するために努力をするだろう。こうして政府とか政治が経済に介入して初めて，経済は順調に動くという面がある。その場合，優れた政治家や指導者がいるかどうかも重要な問題である。これらの分野は経済政策の分野であり，政治と経済の接点である。

　またこういった問題も発生する可能性がある。第14章で詳しく見るように，戦後（1950年代から70年代にかけて）日本経済は世界が驚くほど急速に成長した。その国内要因として，貯蓄率の高さ，旺盛な勤労意欲，企業への忠誠心や忍耐力の高さ，教育熱心で良質の労働力，企業の旺盛な設備投資，政府の積極的な介入や政策，優秀な官僚組織，個人より組織を優先する日本的経営，などが指摘されてきた。しかし，これらに加えて，欧米からの技術導入とか日本企業の技術改良能力の高さ，近代的な法・制度の導入，アメリカを中心とした自由主義的な国際貿易環境など，資源がなく輸出で外貨を獲得する必要のある日本経済を取り巻く対外的な要因も密接に関連している。これらの多くの内外要因はすべてが経済的要因とは限らない。そこには，少なからぬ伝統的な非経済的要因が色濃く反映していることは誰もが気づくであろう。

　これらの日本経済の成長を実現してきた重要な要因として，たとえば，企業へ

の忠誠心や日本的経営を挙げることができる。これには日本の伝統的な価値観が反映している。とくに日本的経営は，一般に年齢が高くなるにつれて賃金が上昇していく年功序列型賃金，同一企業に定年まで働く終身雇用，企業内部の労働者だけで作る企業内労働組合などを中心とする。この日本的経営に基づいて，企業は安定した経営を実行することで，企業の発展を実現し，それが経済成長に貢献したと考えられてきた。そのことは日本社会が信頼関係で成り立っていることを示しており，日本的経営とはまったく異なる**個人主義**的な社会の経営システムと比べてみると，その特徴がよくわかる。それらは日本人の性格の特徴である集団主義と密接に関連するといわれるが，むしろ組織中心主義とか**共同体主義**（communitarianism）といった方がいいかもしれない。組織とか共同体（企業）を優先して考えるところから，上述の年功序列型賃金，終身雇用，企業内労働組合などが手段として使われたし，有効に作用したといえる。これは欧米，とくに個人による専門家集団を中心とするアメリカやイギリスの経営システムとは大きく異なる点である。

　バブルが崩壊した1990年代以後，日本経済は長期にわたって低成長が続き，不況が続いている。それはなぜだろうか。これにはさまざまな原因が考えられるが，単純化していうと，1つに90年代初めにバブルがはじけて，消費が減少し，多くの企業が倒産ないし倒産寸前に追い込まれ，株価は大幅に下落した。他方，企業に金を貸していた銀行には多くの貸し倒れが生じ，不良債権が増え，業績が悪化し，銀行は企業に対する貸し出しを渋った。金を借りられなくなった企業はますます資金繰りが苦しくなり，倒産が増加したり，投資がしにくくなったりした。また，企業業績の悪化や倒産で失業率が上がると，国民は失業の危機を感じ，国民の間には将来への悲観的なムードが広がって個人の消費意欲は急速に減少し，物価は継続的に下落した。要するに，景気を回復するために必要な短期的な要因である企業の設備投資も消費者の消費支出も一定水準を維持するどころか，減少しつつあるといってよい。

　これらの事態に，政府がうまく対応できなかったばかりか，対応も誤った。たとえば，地価高騰などが元となったバブルに慌てた政府は経済に急ブレーキを

かけて，景気を一気に悪化させたばかりか，その後の対応でも財政赤字を気にしすぎて，消費税の引き上げを実行した。また，景気回復が遅れたために，ますます企業倒産が増え，銀行の不良債権を増加させた。政府の対応や意思決定の「遅すぎ (too late)」や景気対策としての財政支出の「少なすぎ (too little)」も指摘されてきた。戦後の経済成長を実現させてきた上述の要因のほとんどは失われたままである。さらに，企業の，継続的な技術開発，製品開発，日本的経営もいまやその威力を喪失してしまった。これらが原因となって，企業の投資意欲は減退し，景気を動かす個人消費の減退とともに，デフレ傾向が続き，日本の経済は長期停滞状態に陥ってしまった。

このような動きの中で，グローバリズムが急速に進み，世界は競争の時代に突入し，否応なく日本経済も世界経済のシステムに組み込まれることとなった。こうして，もはや日本的経営は成立しなくなり，終身雇用も年功序列も国際競争時代には適合しなくなってしまった。すると，企業ももはや信頼関係に基礎をおく経営方法ではやっていくことができず，欧米的な個人主義に基づく経営システムへと少なからず転換していかざるをえない。国民も，もはや企業に寄りかかって生きていくのではなく，自分の能力を磨き，実力勝負の世界へと入っていかざるをえない。こうした動きは価値観や生活態度の大きな変革を伴うことは明らかであろう。それに対応するだけの意思と能力を今後持ち得るか否かが日本経済の将来を決定する大きな要因ともいえるだろう。

第3節　経済の歴史をどうみればいいのだろうか

次に経済そのものの歴史について考えてみよう。とはいうものの，どこの国の歴史を対象とすべきか，また，すべての国の経済の歴史をひとまとめにして論ずることができるのか，といったように，なかなか簡単ではない。すべての国の歴史を完全に説明できる方法は，多くの人が模索し確立する努力をしたにもかかわらず，いまなお実現できないでいるといってよい。ここではそうした問題に深く足を突っ込むより，経済の歴史を考える場合に少しでも目安になる見方

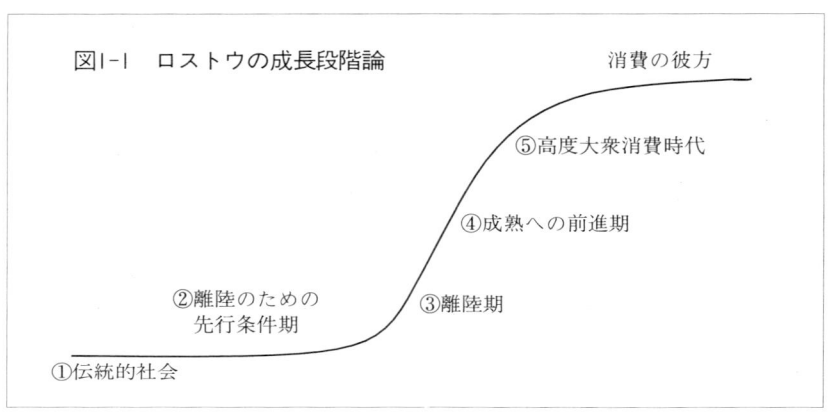

図1-1 ロストウの成長段階論

を紹介しておくほうが有益と思われる。そこで，その重要な仮設ないし歴史をみる見方の例として，アメリカの経済史家でウオルト・ロストウと，彼を批判したサイモン・クズネッツの2人の見方を紹介しておこう。

ロストウの見方は**成長の5段階論**といわれているものである。彼によれば，世界経済はいわば経済の近代化（すなわち発展）を達成する過程であることを意味する。図1-1に示すように，欧米などの経済発展を見ると，あたかも飛行機が滑走路から飛び立って，高度を急速に上げながら，徐々に水平飛行に移行する姿に似ている。このため，**ロストウ**はすべての社会はその経済的次元において，以下の5つの範疇のいずれかにあるとして，①伝統的社会，②離陸のための先行条件期，③**離陸期**，④成熟への前進期，⑤高度大衆消費時代（または社会），の5段階を区別した。

伝統的社会は「その構造の発展が，ニュートン以前の科学と技術とに基礎をおく」といわれる。ニュートン自身，近代的な側面と前近代的側面をあわせ持っていたといわれ，近代と前近代を分ける人物としてしばしば登場する。近代以前とは人々が合理的な精神を持たない時代であり，近代以後は合理的精神を基礎とする。近代以前の社会は経済的には停滞し，同じような状態を繰り返していた社会である。それが突然経済発展する時期を迎える。それが**離陸期**であるが，それには離陸に必要な条件が整備される中間的な時期が必要である。それが離

第3節 経済の歴史をどうみればいいのだろうか

陸のための先行条件期であり，ロストウによれば，西欧では17世紀から18世紀にかけて，近代科学の知識が農業や工業に取り入れられ，同時に世界市場への拡大とその市場を目指す国際競争が生じた。社会的には，イギリスが先駆者となって，教育の普及，新しい企業家の出現，銀行ないしそれ以外の資本を動員するための制度の発達など，伝統的な社会に衝撃を与え，経済進歩が可能だという考えを生み出した。日本でいえば，江戸後期から幕末期に相当するといえるかもしれない。当時の日本では，かなりの町民教育が行われていたからである。

離陸期は近代以前と近代を分かつ大分水嶺である。これは「着実な成長に対する古い妨害物や抵抗が最終的に克服される期間」と規定される。そこでは「経済進歩を支持する諸力が拡大し，社会を支配するようになる。成長が社会の正常な状態になる」とロストウはいう。そこでは社会資本の建設や農業・工業分野での技術的発展と並んで，経済発展を重要な政治的任務とみなす人々が生まれ，国民所得に占める投資の割合が5%から10%ないしそれ以上になる。工業の発展につれて利潤が増え，その大部分が再投資され，工場労働者への需要を高め，近代経済部門が拡大し，企業家という新しい階級が生まれる。経済はこれまで使用しなかった資源や生産方法を採用するようになる。離陸に成功するには，農業の生産性の上昇が不可欠である。

最初に離陸期を迎えたのはイギリスで，ほぼ産業革命期に当たる。次いで産業革命が波及したフランスや

表1-1 離陸期，成熟期，高度大衆消費時代

	離陸期	成熟期	高度大衆消費時代
イギリス	1783～1802年	1850年	1930年代
フランス	1830～1860年	1910年	1950年代
アメリカ	1843～1860年	1900年	1920年代
ドイツ	1850～1873年	1910年	1940年代
スウェーデン	1868～1890年	1930年	1940年代
日本	1878～1900年	1940年	1950年代
ロシア	1890～1914年	1950年	1950年代
カナダ	1896～1914年	1950年	1920年代
トルコ	1937年～		
インド	1952年～		
中国	1952年～		

資料：W.W.ロストウ／木村・久保・村上共訳『経済成長の諸段階――一つの非共産党宣言――』ダイヤモンド社，1964年

ドイツが続いた。日本はイギリスに後れること約100年で，ようやく離陸を達成した。

　表1-1に示すように，離陸期を過ぎて約60年後，持続的な長期にわたる成長期に入る。ロストウによれば，この時期は当時の最も近代的な技術を経済に取り込み，資源の極めて広い範囲に有効に適用することができる能力を発揮し始める時期であり，工学的技術と企業家的技術によって生産したいものはほとんど生産できる時期に当たる。この時期には国民所得の10～20%を着実に投資し，古い産業が脱落し始め，経済構造は絶えず変化する。一国経済は世界経済の一環に組み込まれ，かつて輸入されていた商品が国内で生産されるようになり、それによって新たな輸入需要が発展し，さらにそれに見合うための新たな輸出商品が作り出される。古い価値や制度が新しいそれによって置き換えられる。

　最後は高度大衆消費時代である。この時期，主導部門は耐久消費財とサービスに向かって移っていく。ロストウによれば，20世紀に社会が成熟期に到達したとき，2つのことが起きた。1つは，1人当たり実質所得が上昇し，多数の人が基礎的な衣食住を超える消費を自由にできるようになったこと。もう1つは労働力構造が変化し，単に全人口中に占める都市人口の比率が増加しただけでなく，事務労働者や熟練工場労働者の比率が増えたことである。また，この時期には福祉国家を選択する国が現れる一方，戦争を選択する国も現われた。

　このように，ロストウは欧米経済を極めて単純化して1つの歴史法則を見出そうとしたが，彼の5段階論が西欧諸国すべてに当てはまるわけではないし，アジア諸国にはほとんど当てはまらない。その点で，**クズネッツ**が指摘したように，むしろ近代以前と近代以後で大雑把に分ける見方のほうが有力といえるかもしれない。クズネッツによれば，近代以前と以後で決定的に異なるのは，経済成長の源泉が科学に基礎を置く技術（とくち電力，内燃機関，電子，原子力，生物などの領域）かどうかである。そこでは工業，中でも製造業が中心であり，科学技術抜きには考えられない。近代以後の成長は**近代経済成長**と呼ばれ，1人当たり所得はほぼ恒常的に大きく増大する。そこでは経済の構造は著しく変化すると同時に，人々の価値観，態度，制度，国家のあり方などすべての面で変化する。こう

した考え方は，今日経済発展をする国を見れば，明らかに西欧諸国でも非西欧諸国でもすべてに妥当する。つまり，これまで近代経済成長以外の方法で経済発展した国は見当たらない。

第4節　近代経済学はいつ，誰によって体系化されたのだろうか ——古典派経済学の誕生と発展

　このように，経済は成長とか発展の歴史と見る見方が一般的であり，それが経済の近代化ともいわれる。今日では，西欧で開始した近代化は，経済以外にも政治（民主化），社会（合理化），文化（合理的精神）などの分野でも見られ，それが世界中に波及しつつあるというのが一般的な見方である。こうした近代化に応じて経済学も大きく発展してきた。その出発点は**アダム・スミス**であるが，その後多くの優れた経済学者が出て，主としてイギリスを中心に**古典派経済学**が形成されてきた。そこで，ここでは経済学の流れをイギリス経済学を中心に簡単に紹介するが，イギリス古典派経済学以前にもフランス古典派（あるいは重農主義学派）があり，両者の間には交流があった。その後，イギリスではスミスを継承する人たちが出て，スミスの経済学の発展に貢献するが，19世紀に入るとヨーロッパ大陸でも多くの優れた経済学者が生まれた。そこで，まず現代経済学をほぼ確立したイギリスのケインズの経済学以前と以後に分けて，見ていくことにしよう。大きな流れは図1-2をみられたい。

　この図を見るだけでも，古典派経済学はイギリスとフランスで始まり，やがて経済学は大陸の学者を巻き込みながら，徐々に発展していったことがわかるだろう。まずフランス古典派の代表はフランソワ・ケネーである。彼は元来外科医であり，ルイ15世の愛人ポンパドゥール夫人の主治医，その後国王の顧問となった。医学者のケネーはハーベイの「血液の循環」からヒントを得て経済の循環に目を向けるようになり，それがケネーに『経済表』を書かせた。この書物

図I-2 ケインズ以前の経済学の流れ

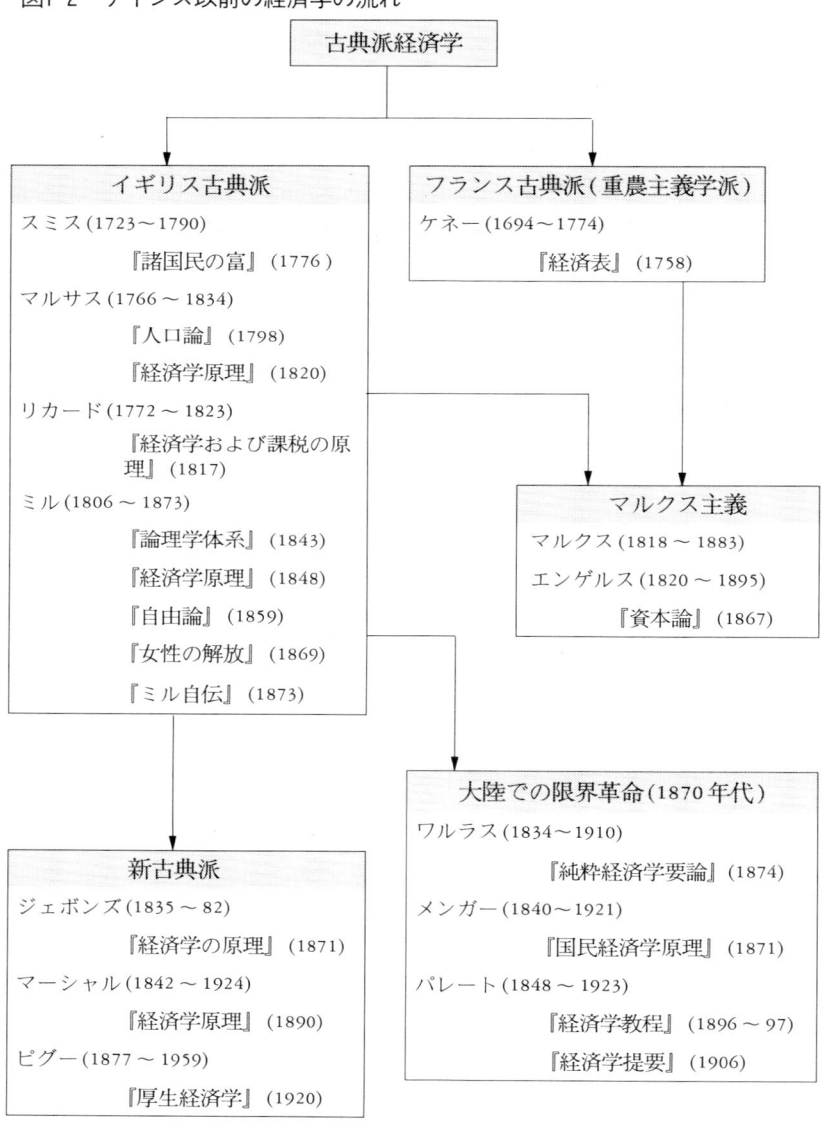

の中で，彼は社会を生産階級（農業階級でこの階級だけが純生産物を生産するとしたため，重農主義の名が生まれた），不生産階級（商工業階級），地主階級に分け，この3つの階級の間での経済の循環を分析した。このことは農業が経済の中心的な部分であることを意味した。彼はまた，自由放任を意味する自然的秩序を人類に最大の繁栄と幸福をもたらすとみなした。

　イギリス古典派の創設者はアダム・スミスである。彼は1776年に主著『諸国民の富』を著した。ここには経済問題のほとんどすべてが取り上げられているといわれるが，中でも有名なのは，ケネー同様に，外国貿易を通じてその差額だけを求める重商主義を批判し，代わって富の本質を明らかにしようとしたことである。スミスによれば，一国の富を増大させるには労働者が働いて生産したものの合計（今日の言葉でいい換えれば国民所得や国民総生産）がどれだけ増加するか，で決まる。それには労働生産性をいかに高めるかが重要となり，資本や分業，技術などが重視される。それは重商主義者のいう貴金属の増加や重農主義者の考える農産物に本質があるのではない。こうしたスミスの考え方はその後の経済学を見通していることは明らかであり，ここに彼が近代経済学の祖といわれる理由がある。スミスは経済が発展するにつれて，やがて生産物が過剰となるが，それは貿易を通じて各国が交換することで，より発展する要因になるとみなした。スミスの見方はつねに楽観的であった。

　スミスの後を継いだのが，同時代の経済学者リカードとマルサスである。リカードが書いた書物に『経済学および課税の原理』がある。彼はこの書のはじめに，経済学の主要問題は労働者，資本家，地主の3大階級間での分配を左右する諸法則を発見することだ，と指摘しているように，彼の主要な関心事は分配問題の解明にあった。分配論の核心は地代論である。リカードによれば，地代は肥沃度や土地の便利さの相違から生まれるから，その相違に応じて純収穫が異なり，耕作地が拡大するにつれて，そこから得られる純収穫に相違が生まれ（収穫逓減），その格差に基づいて地代（差額地代）が生まれる。同じ生産要素である労働や資本についても同じようなことがいえる。

　ところで，経済学の中で最も重要な概念の1つは価値（あるいは価格）がどの

ようにして決まるのか,という問題がある。スミスは社会を未開社会と文明社会に分け,前者では商品価値を決めるのはただ1つの生産要素である労働の投下量(投下労働価値説)であり,後者では商品価値はそれが支配する労働量で決まる(支配労働価値説)とみなしたが,リカードは未開社会でも素手で動物を捕獲したのではないとして,投下労働価値説を主張した。この考え方の相違が,2人の経済社会への見方に決定的な相違を生み出した。つまり,スミスは資本の蓄積がそれぞれ独立的な賃金,利潤,地代の自然率に与える影響に議論が集中し,各階級間の対立よりむしろ調和に関心を集中させることとなった。これに対し,リカードは資本の蓄積に伴って価値生産物(金額で計測した生産物)が各階級間に分割される比率が問題であるため,経済が発展するにつれて収穫逓減が作用し,やがて成長がゼロに近づくと,分配をめぐって各階級の間で対立が生まれるという図式が出てくる。

　マルサスは『人口論』を書いたことで知られる。これは当時父親とイギリス労働者の貧困とその救済問題について議論していて思いついたといわれる。その中身は,簡単にいえば人口の増加は2倍,4倍,8倍,というように幾何級数的に増えるが,人口を養う食糧は2倍,3倍,4倍というように算術級数的にしか増えないため,食糧不足が起きやすいというものである。そのことが貧困を生み出す原因であるから,その解決には人口の抑制が不可欠となる。当時のイギリスでは産業革命が進行しており,食糧は大陸から輸入していたが,フランス革命やその後の戦乱により,食糧価格が高騰し,労働者は大きな困苦を味わっており,不満をもっていた。それに政府は弾圧を加えるという状況であった。そこで,マルサスは政府に反対する人たちに,土地と性欲という2つの自然力が大きな影響力を持つかぎり,社会改革による政府の対応では解決しないことを示すために,この書物を書いたといわれる。

　マルサスにはまた『経済学原理』という経済書がある。これは概してスミスの経済学に従っているが,注目されるのは経済の成長には,直接の消費に充てられるべき資材から貯蓄し,それは利潤を生む資本に追加(つまり資本蓄積)される必要があるが,その結果生産が消費をはるかに超えて,生産過剰が生じるかも

しれない。換言すると, 収入の大きな部分が資本に転化されて, 資本蓄積が進むと, 富を生産する生産的労働者は増加して, 生産物は増大する。しかし, 不生産的労働者の減少は彼らが消費者にとどまるため, 労働者全体の消費自体は変化しない。これに対し, 資本家や地主は収入が増えても, その大きな部分を貯蓄にまわすため, 彼らの消費の割合自体は減少し, 供給の増加と需要の減少が発生して, 生産物価値は低下し, 支配可能な労働量は減少するから, 生産拡大への誘引は消えてしまう。これは後にケインズが高く評価した需要面の重要性を指摘したものとして知られる。

イギリス古典派の経済学はリカードとマルサスを継いだジョン・スチュアート・ミルをもって終わる。ミルは古典派の経済学者であるが, その後の経済学への橋渡しをする過渡期の経済学者とか, 修正主義者, 折衷派などともみなされる。彼は経済学以外にもたくさんの本を書いたが, 経済学に関しては, スミス, マルサス, リカードを集大成した『経済学原理』を書いている。彼の修正主義的態度を示す例として, しばしば彼がマルサスの『人口論』に対抗して, 人口は知的・道徳的向上により抑制可能なこと, 価値論では効用とか需要の側面を重視したこと, 資本主義と同時に社会主義をも分析対象に入れたこと, 経済発展よりむしろやがてすべての経済が到達するはずの経済成長率ゼロの状態（定常状態）を分析し, 積極的に評価したこと, などである。

第5節　古典派経済学から新古典派経済学への発展

古典派経済学が問題にしたのは, 以下のような点である。①経済の法則や経済固有のメカニズムを明らかにすること, ②経済の理論体系を確立すること, ③普遍的ないし客観的な理論を確立すること, ④経済発展のメカニズムを明確にすること, ⑤「供給がそれ自身の需要を作り出す」という言葉で知られる「セイの法則」を共通点として持ち, 供給側に関心を集中したこと, などである。

その結果, 古典派経済学は問題を大きくとらえすぎ, 現実問題の解決への関心が乏しくなってしまった。そうした空気の中から, 1870年代にイギリスでは新

古典派経済学が生まれてきた。その中心はマーシャルとかジェボンズといわれる人たちである。とくに新古典派経済学を発展させた中心人物はマーシャルであり，彼は伝統的な経済学を継承しながら，新たに起きてきた問題を総合し，現実問題を解決する経済学を確立することに主眼を置いた。それには「冷静な頭脳と暖かい心」をもつことが不可欠であり，「経済学を人間生活の諸条件改善の有効な手段にすること」であった。

　マーシャルはまたミルから理論面でも政策面でも大きな影響を受けた。マーシャル経済学の最大の特徴の1つは総合性にあり，それが価値論に典型的に表れているといわれる。彼は需要の背後には効用，供給の背後には生産費があるとみなし，紙ははさみのどちら側で切るのか分からないように，価格も需要曲線と供給曲線の交点で決まると考えた。それだけでは総合ではない。彼が総合したのは生産費説と効用説を総合したことであり，そのために時間の要素を導入した。経済を動かす力を欲望と努力ないし犠牲とみなし，前者は効用ないし需要で，努力とか犠牲は供給で把握できるから，その2つの調和の表現が市場での需要と供給の均衡であるとする。そこに時間の要素を導入すると，市場の均衡はいかに変化するかである。第1に，生鮮食品市場のような極めて短期的な取引の場合をとると，供給量はその日の供給量に限定されるから，価格は需要，すなわち効用によって決定される。これが一時的均衡である。

　時間をもう少し長くとると，価格が高いと生産者は生産量を増やし，低ければ減少させようとする。その結果，ある時間を経過すると需要と供給は一時的均衡とは異なるところで均衡に達する。これが短期分析である。ここでは，時間の要素は導入されていても，需要の増減に応じて生産設備を拡大するほどではないとすると，現行の技術と設備の稼働率を調整して需要に応じて生産量を増減させるだけである。しかし，需要増加が既存の設備による供給を超過しつづけると，企業家は新たな設備の建設へと進まざるをえず，資本設備の変化を考慮に入れる長期分析へと進む。時間要素が長くなるほど，市場の拡大に伴う企業家の活動範囲は拡大する。そうすると，需要の背後にある効用より供給要素や市場の広さの組み合わせは経済成長の観点から見る立場へと結びついてくる。

かくして，マーシャルの価値・価格論は短期では効用が，長期では生産費が価格を決定するという二元論にみえる。だが，全体を動学的体系としてみると，生産費をエンジンの心臓部に，効用をその部品とする総合的構造をもつものとみなすことができる。

マーシャルの経済学はこれ以外にも実に多様な側面に及んでいるが，ここでは到底触れる紙数はない。そこで，マーシャルとほぼ同時期に大陸で起きた経済革命に触れておく必要がある。1870年代イギリスと大陸で独立に，類似した新たな概念を使った経済学が登場した。それは図1－2に示した**限界革命**と呼ばれる動きである。新古典派のジェボンズとマーシャル，大陸では**限界効用学派**といわれるワルラス，メンガー，パレートなどが現われた。彼らの間には若干の相違はあるが，ほぼ以下のような共通点を持っていた。

①古典派経済学ではまったく使われなかった限界効用の概念を使用し，効用価値説を展開したたこと。古典派では，すでに見たように，商品の価値は商品に含まれる労働量によって決まるという投下労働価値説が支配的な見方であったが，ジェボンズ，ワルラス，メンガーらは商品価値はその商品が持つ主観的な効用によって決まるという効用価値説を展開した。これは価値が客観的な価値（労働価値）から主観的価値（効用，あるいは分かり易くいえば消費者が商品に感じる魅力とか満足感とか快楽）によって決まるとみなすわけで，画期的な転換を意味した。すなわち，それは経済学史上の革命的変化の発生を意味することとなった。これは今日，限界革命といわれるが，その意味は彼らが限界概念とか限界効用概念（詳しくは以下の理論を学ぶ中で取り上げる）を使ったことにある。

②経済学の中心課題がマクロ的な見方（経済を全体として取り上げ，集計量を中心に見ていくもの）からミクロ的な見方（価格を目安に行動する，家計や企業の行動分析を中心に見ていくもの）へと大きく転換したこと。

当時の経済学の関心は，徐々に市場組織や資源配分問題に移っていた。それはおそらく，経済学を先進的な物理学のように，厳密な科学として確立するという壮大な意図があったことと無関係ではない。そうすることで，論理的で実証

的な科学を目指すには、いかにして客観的な分析を目指す数学的処理が可能かという問題を考えるようになったといえよう。限界革命の担い手の一人であるマーシャルの経済学は「数学をミルに適用したことから発展したもの」とさえいわれた。事実、限界革命の経済学者は数学を経済学に適用するという意味で共通している。ジェボンズも効用ないし快楽を最大にする（逆に苦痛を最小にする）ことが経済学の課題であり、それらは計算できなければならないという。

こうして、1870年代は経済学史上、画期的な変化が生まれ、経済学が大きく前進した時代であった。それは大雑把にいえば、古典派が経済の法則や原理を発見しようとしたのに対し、新古典派や限界効用学派は経済学を厳密な科学に高めようとしたといえる。それらはいずれも重要であり、今日のマクロ、ミクロといった経済学分野の先駆けになったともいえるだろう。しかし、マクロ経済学が体系化されるにはイギリスのケインズの登場を待つほかはなかった。

第6節　現代の経済学はどうなっているのだろうか

それでは現代の経済学はどうなっているのであろうか。第1次大戦後、多くの経済理論が生まれた。また他方で、伝統的な経済学も重要な役割を果たすと思われてきた。とくに、ミクロ理論としては相変わらず新古典派の経済学が有効性を持つかに見えた。しかし、それも1930年代の不況を解決するにはあまりにも無力であったし、独占、外部性（公害など）、収穫逓増産業など市場では解決できない問題は、単に「市場の失敗」として、新古典派の理論体系の中での解決を放棄してきた。

また、新古典派がいうとおり市場に任せればほとんどの経済問題は解決するとしても、大きな景気後退や不況を放置し、自力での回復を待てば5年も10年もかかるとすれば、あまりに無責任であり、問題が大きすぎる。これらの問題を何とかして短期的に解決できないか。こうした疑問に答えたのが、ケインズ経済学である。ケインズは古典派理論の共通の欠陥はそれが「セイの法則」に基づく特殊理論に過ぎず、自分の理論はその特殊理論を含む一般理論だとして、1936

年に『雇用,利子および貨幣の一般理論』という書物を書いた。これはローレンス・クラインによって,「ケインズ革命」と名づけられ,現実の経済問題はすべて解決するかの印象を与えた。また,サミュエルソンはケインズの理論と新古典派の理論を総合する「新古典派的総合」を中心とした理論を考えて,多くの人から受け入れられた。

いまや「新古典派的総合」は戦後の経済運営に欠かせない役割を果たすものとなった。その基本的な考え方は,ミクロ的な分野は市場経済を対象とした新古典派理論によって説明できるが,マクロ的な分野はケインズ理論で解決可能であるというものであった。すなわち,発展した資本主義経済では常に生産力が過剰となりやすく,そのために主としてそれを調整する企業の行動から不況が繰り返し起きる。そこで,過剰な生産力から生まれる過剰な生産量を吸収するだけの需要が必要となる。これを解決するには,政府の政策によって民間需要の拡大を図るか,政府自ら需要を作り出す必要がある。それができれば景気回復,ないし景気後退自体を回避することが可能となり,失業問題は解決するとみなされた。

だが,その後多くの解決困難な問題が発生した。その1つは,スタグフレーション（景気後退とインフレーションの同時発生など）である。これはもはやケインズ流の需要管理政策では解決しないことが明白であった。それでも先進国経済の問題はある程度解決できるようになった。だが,世界には多くの新興ないし発展途上の経済が大半を占める。たとえば,戦前は植民地であった多くの国が戦後独立し,それらの国々はかつて経済発展など到底不可能であるかのように扱われていた。しかし,それらの中からかなりの国や地域がいまや経済発展を開始し,アジアではすでにシンガポールや韓国,台湾などの一部は豊かな社会の仲間入りを果たしている。いまなお低開発国ないし低開発地域にとって,目的は第1にいかにして経済発展を開始するかであり,次いでいかにして労働生産性を持続的に引き上げ,経済発展しつづけるかである。また,1917年にソビエトが社会主義革命を起こし,多くの国が将来は社会主義化すると想像されたが,いまや社会主義経済はほぼ壊滅状態となり,今後いかにして体制転換を図るか

が重要な課題となった。この問題への取り組みも現代経済学の重要な課題である。

　戦後, 経済発展した諸国や地域の経済発展は市場経済ないし資本主義的方法によるものであった。最近の中国の経済発展またしかりである。いまや資本主義的方法以外に経済発展は不可能であるかのように見える。しかし, 資本主義という場合, 必ずしもそれは19世紀的な自由放任によるものではない。むしろ, 基本的には市場経済に基づきながら, 政府の役割を大きく認めるという方式が少なくとも非西欧社会では一般的といえる。それはいわばケインズが指摘したように修正主義的な方法である。

　ケインズが主張した理論は, 高い生産力による過剰生産を解消するには財政支出を中心とした有効需要の調整に頼ることで解決できるとしても, 高い生産力はいかにして可能か, という問題には答えていない。元来, ケインズ理論は概して短期理論であり, 「有効需要の大きさが一国の生産量, 国民所得および雇用量を決定する」という, 有名な「有効需要の原理」を主張したにすぎない。これは短期, 静学理論であることから, その後, ケインズの弟子のロイ・ハロッドやジョーン・ロビンソン, ニコラス・カルドアなどによって, 長期, 動学理論へと発展した。他方, 比較静学理論である新古典派理論もJ・E・ミードやT・スオン, ロバート・ソローなどによって動学的展開が行われ, 新古典派成長論が作られた。しかし, いずれもそれだけでは先進国ばかりか発展途上国にとっても, 根本的な問題解決に役立たなかった。とくに開発論の観点から見ると, 問題は少なくない。とりわけ非西欧社会の現実問題を理解するには, 純粋経済理論だけではもはや不十分なことが明白になったといえよう。

　ケインズ理論は限定的とはいえ, 短期的問題の解決にはかなりの程度役立ったが, 長期的に見ると, 供給サイドの労働生産力をいかに高めるかは解決されていない。供給側を重視した古典派理論でも必ずしも解決しない。現在の日本経済を見ても, その問題点の1つは明らかに短期的には需要不足の問題であるが, 長期的に労働生産性をいかにして高められるかにある。また, 新古典派理論は市場の失敗を例外とするにとどまり, その理論体系の中で理論の修正ないし発

展を通じてこの問題を解決することはできなかった。また，これらの正統派経済学以外にもマルクス経済学や制度派経済学があるが，それらは元来，現実問題を短期的に解決する上ではそれ自身，大きな欠陥を持っていた。このようにして，戦前から戦後にかけて，多くの経済理論が生まれ，それらはいずれもある種の正当性を主張してきたが，いずれにも少なからず欠陥があることが分かる。かくして，さまざまな理論が相互に包括されることなく，並立して存続してきた。こうした状況に一石を投じたのが，**取引費用の経済学**である。

取引費用とは，「交換を交渉し，測定し，執行する費用」（ティモシー・イエーガー『新制度派経済学入門』東洋経済新報社，2001，以下同書による）のことをいう。つまり，取引には合意が必要であるから，そこに至るには費用がかかる（交渉費用）。財やサービスの売買にはそれらがいかなる性質を持つかなどを知る必要があり，それを知るために費用（測定費用）がかかる。また，取引契約をした後，それを守る必要があり，違反すれば罰せられるなどの執行費用がかかる。これらをいかに少なくするかが取引当事者のコストを削減し，効率を図る上で重要な意味を持つ。これらの費用が「ゼロの世界では効率的な結果が常に成立する」というのが「コースの定理」と呼ばれるものであり，コースはこの考え方でノーベル賞をもらった。

取引費用の理論を使えば，新古典派経済学が解けないために市場の失敗とみなした独占，外部性，などの問題も解くことができる。また，取引費用の概念は制度と密接に関連する。制度は取引費用がゼロであれば不要であるが，そうでなければ取引コストを引き下げるために制度が必要なものとなる。ここで制度とは「社会におけるゲームのルール」であり，それは成文化されたフォーマルなルール，文化，行動規範，おきてなどのインフォーマルなルール，法などの制度を執行するために必要な執行のルールからなる。それらは古典派や新古典派が目指した純粋経済的な要素だけでは経済は動いていないことを示すものであり，経済要因に加えて文化や社会，政治，法律などあらゆるものが，取引コストを削減するために考案されてきたものだという認識に基づく包括的な理論といえる。それはまたこれまで独立の経済学と思われてきた多くの理論を1つに総合

できる画期的な考え方であるともいえる。その意味で，まさに経済学の一大革命とも呼ぶべきであろう。これが現代経済学の1つの到達点といえる。

もちろん現代の経済学は現実に発生するさまざまな問題を理解するために，ゲームのルールだとか複雑系の経済学などを急速に発展させており，その多くはすでに経営学，その他の分野に積極的に適用されつつある。

おわりに

以上で，経済学を学ぶに当たって，基本的かつ最も重要と考える問題をいくつか取り上げて説明を試みた。しかし，これからマクロ経済学やミクロ経済学の基本を本格的に勉強するにはこれで十分というわけではない。本書で説明できなかった問題の多くは，限られた時間内であるが，授業で聞いたり，自ら関心を持つ問題を積極的に調べるなり，関連する本を読んでいただくしかない。諸君は理論というと難しいものとみなしがちであるが，理論を知れば，それを使ってある程度自分で現実の問題を考えることができる可能性がある。その意味で，理論の理解にある程度長い時間をかけても，そのほうがかえって真の理解への近道ということもできる。それこそが力なのである。

「まえがき」で述べたように，会計学，経営学，商業学などと経済学との関係は極めて緊密である。否，むしろ前者の発生の根源は経済学にさかのぼることが少なくない。経済学が変わればそれらも変わる。経済学自身も現実の変化によって影響を受ける。こうした関係を少しでも正確に理解することが，今後の専門分野での勉学にどれだけ役立つかはかりしれない。

ともかく，本書を読み，授業を聞いて，経済学や経済問題に少しでも関心を持ち，積極的に質問したり，もっと勉強したいと思ってくれれば，筆者にとってこれに勝る喜びはない。分からない点はどしどし授業で質問し，知的関心を高め，自分の目で関心をもった問題について調べ，考察し，解決する方法を考えるようにして欲しい。これからの社会は自分以外に信頼できるものはないのだから。

第2章　市場経済の基本的な構図を考える

担当・関谷喜三郎

キーワード＝家計, 企業, 経済循環, 市場メカニズム, 価格のパラメーター機能, 需要曲線, 価格の役割, ショートサイドの原則, 機会費用, 資源配分

はじめに

　この章では，ミクロ経済学の視点から市場経済の問題を考える。経済学は現実世界におけるさまざまな経済現象を分析し，そこに生起するいろいろな経済問題を解明しようとするものであるが，そのための分析アプローチには2つの方法がある。ミクロ分析とマクロ分析がそれである。

　ミクロ分析は経済活動を行う家計や企業といった個々の経済主体の行動に分析の焦点が当てられる。これらの経済主体が市場において価格の動きに応じてどのような行動を取るのか，さらに，これらの主体が自己の利益を求めて合理的に行動する場合，市場メカニズムはどのように機能し，需要と供給はどのように調整されるのか，また資源配分の合理性はどのようにして達成されるのかといったことが分析の中心となる。

　一方，マクロ分析は経済活動を全体として捉え，一国の総生産額およびその成長率を左右する要因は何か，好況・不況といった経済変動はなぜ生じるのか，デフレーションおよびインフレーションといった現象はどのように説明したらよいのか，といった問題を解明しようとするものである。このうち，本章ではミクロ分析の観点から市場における家計と企業の行動を中心に説明していく。

第1節　経済の循環と市場の成立

1　家計・企業

　経済活動は，その大部分が市場を通じて行われているが，市場を構成する経済主体は家計と企業に分けることができる。ここで，家計とは消費活動を行う経済主体のことであり，家計は自ら所有する労働・土地・資本といった生産要素を企業に提供し，その見返りとして賃金・地代・利子等の所得を得る。そしてこの所得をもとにして企業の生産する財・サービスを購入する。その際，家計，すなわち消費者は消費から得られる満足がもっとも大きくなるように行動すると仮定されている。つまり，自分のお金は無駄なく使うように行動すると仮定されているのである。

　一方，企業は生産活動を営む主体である。企業は家計から生産要素を購入し，また他の企業から原材料を購入して，それらを結合させて消費財および資本財を生産する。消費財は家計に売られ，資本財は他の企業に売られる。企業はその売上代金である収入から生産に要する費用を差し引いた利潤を求めて生産活動を行うが，ここではその利潤を最大にするように生産活動を行うと仮定されている。

2　経済循環

　ミクロ経済分析では，こうした家計と企業の行動を中心として市場メカニズムの働きを説明していく。経済活動における家計と企業の結びつきは単純な経済循環図を使って表すことができる（図2-1）。そこに描かれているのは政府部門と海外取引を省略した単純な経済循環図である。

　この図の左側では，生産物市場（消費財市場）において企業の供給する財・サービスを家計が需要する関係が示されている。ここでは，消費財の流れとは反対に家計から企業にお金（消費支出）が支払われ，それが企業の売上収入とな

図2－1 経済循環図式

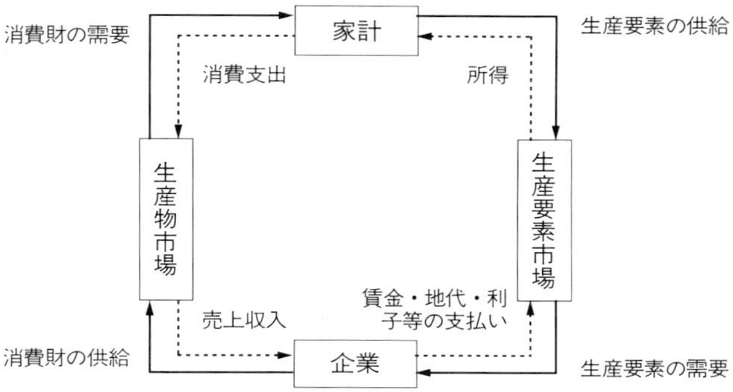
消費財の需要
家計
生産要素の供給
消費支出
所得
生産物市場
生産要素市場
売上収入
賃金・地代・利
子等の支払い
消費財の供給
企業
生産要素の需要

る流れも示されている。ここでの取引を通じて生産物の価格が決定され，需給の調整がなされていくことになる。他方，図の右側では，生産要素市場が成立し，家計による生産要素の供給と企業によるその需要の関係が示されている。ここでは，生産要素の提供の見返りとして企業から家計に賃金・地代・利子といった所得が支払われることになり，それを通じて各種の生産要素の価格が決定されることになる。

ミクロ経済学は主にこの生産物市場および生産要素市場を中心として，企業から家計への財・サービスの流れ，家計から企業への生産要素の流れに着目し，個々の経済主体が自己の利益を追求して合理的に行動すると仮定した場合，価格に対してその行動をどのように適応させるのか，またそれぞれの市場で取引される財・サービスの需要と供給は価格を通じてどのように調整されていくのか，さらにその結果として資源配分の合理性はどのようにして達成されるのかといった問題を説明していくことになる。

第2節　市場メカニズムが果たす基本的な役割は何か

市場における経済活動を見る場合，その基本となるのは生産物市場における

消費活動と生産活動である。家計は自分の所得を支出することによって市場で財・サービスを購入し，企業がそれを供給する。その場合，何をどれだけ消費するかは家計の自由であり，生産に関しても何をどれだけ生産するかは個々の企業の自由な決定にまかされている。その意味で，市場経済においては，消費活動も生産活動もバラバラに行われており，そこには需要と供給に関する全体としての計画はない。

しかしながら，全体としての計画がないにもかかわらず，市場においては生産と消費の間に一定のバランスがとれている。このバラバラな生産と消費を結びつけ，まとまりのあるものにするものは何か，つまり，生産（供給）と消費（需要）を調整するものは何か。これを説明するのが，市場における価格の役割，すなわち市場メカニズムである。その基本的な役割は，生産物市場における家計と企業の行動から次のように示すことができる。

1 需要曲線

まず，家計にしても，企業にしても自己の利益を最大にするように合理的に行動するためには，目安となるものが必要である。その場合，家計も企業も共通に見ているものは価格である。つまり，価格を手がかりにして合理的な行動を実現していくことになる。はじめに，家計についてみてみると，家計は同じ財・サービスを購入するのであれば，価格が高いより安い方が得になる。そこで，通常，価格が高いと需要量を減らし，価格が安いと需要量を増加させると考えられる。したがって，価格と需要量の関係は図2-2に示されるような右下がりの需要曲線で表される。

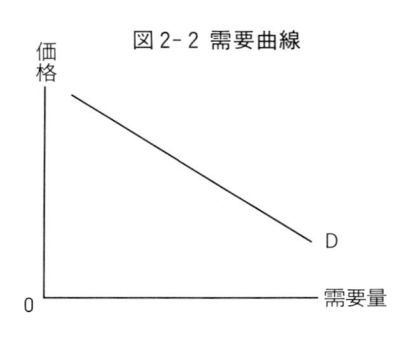

なお，家計が食料品や衣類をはじめとしてさまざまな財・サービスの購入を決定する場合，現実にはその財・サービスの価格以外にさまざまな要因に左右される。たとえば，所得が

図2-2 需要曲線

第2節　市場メカニズムが果たす基本的な役割は何か　37

増えれば消費を増やすことができるし，その時々のコマーシャルや流行に影響されて買ってしまう場合もある。レタスが高いと代わりにキュウリを買うといったように代替財の価格に影響される場合もある。このように，実際には，一つの財が需要される場合にも多くの要因が関連している。しかし，図2-2に示されている需要曲線にはある財の価格と需要量のみの関係が示されており，需要量はその財の価格のみによって決まり，他の要因は一定と仮定されている。これを，部分均衡分析という。本章では，この部分均衡分析にもとづいて，価格と需要量の関係を中心にして家計の消費行動を説明していく。

2 独立変数・従属変数

ところで，たとえば，yはxの関数というとき，xが独立変数で，yが従属変数であるので，両者の関係はy = f (x)と表される。この関係を図に描く場合，yがxの増加関数であるとすれば，横軸に独立変数のxをとり，縦軸に従属変数のyをとることによって右上がりの線として表されるのが一般的である。需要曲線の場合には，価格に応じて需要量が決まるために，価格が独立変数であり，需要量が従属変数である。したがって，関数関係として図に描く場合には，通常の形式に従うと横軸に価格をとり，縦軸に需要量をとることになる。しかしながら，ミクロ経済学では，近代経済学の基礎を築いたイギリスの経済学者A・マーシャル以来の伝統にしたがって，横軸に従属変数である需要量をとり，縦軸に独立変数である価格をとっていることに注意しておく必要がある。

3 供給曲線

次に，企業による生産活動をみると，企業は同じ生産物を売るのであれば価格が安いより高い方が儲かるので，価格が高いほどたくさん生産して供給しようとする。反対に，価格が安いと儲からないので供給を少なくする。その結果，供給量と価格の関係は図2-3に示

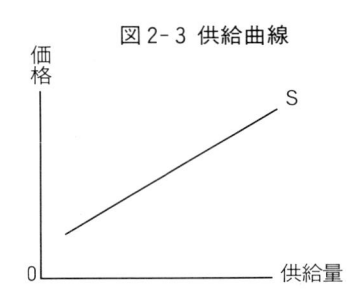

図2-3　供給曲線

される右上がり供給曲線で表されることになる。

　企業における価格と供給量の関係についても，供給そのものはその財の価格以外のさまざまな要因の影響を受けるが，ここでも部分均衡分析の手法にしたがって，他の要因を一定と仮定して価格と供給量のみの関係をみていく。

4　価格のパラメーター機能

　家計と企業の活動は以上のように，右下がり需要曲線と右上がり供給曲線によって描くことができるが，経済循環図に示したように実際には家計と企業の活動は同一の市場で行われるので，需要と供給は1つの市場で出会うことになる。これは両曲線を1つの図の中に描くことによって表すことができる（図2-4）。

　この図は，家計と企業からなる市場経済の姿を最も単純化したものであり，生産と消費の繰り返しからなる経済活動を表している。この図において，両曲線はE点で交わることになり，そこで，需給はバランスすることになる。もちろん，需要と供給ははじめから一致しているわけではない。

　たとえば，価格P_1の水準では需要量よりも供給量が多すぎて超過供給の状態である。ここでは買いたい人より売りたい人の方が多すぎるので，売れ残りが生じる。この場合，企業が生産物を売るためには価格を下げざるをえない。価格が下がれば家計は需要量を増やし，企業は供給量を減らすので，やがて需給は均衡することになる。

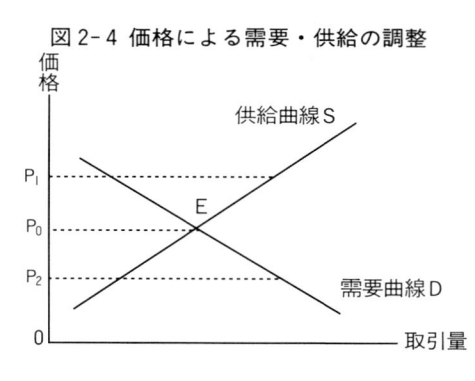

　価格P_2のように逆の場合もある。ここでは供給量よりも需要量が多すぎる。したがって，買いたい人が十分に財を手に入れることができない超過需要の状態である。この場合，より高い価格でも財を手に入れたいという人が出てくるので価格は上昇することにな

図2-4　価格による需要・供給の調整

る。価格が上がれば家計によっては需要量を減らすことになるし、企業は供給量を増やすので、やがて需給は均衡に向かうことになる。結果として、需要と供給は価格 P_0 の水準で均衡することになる。

このように、市場では人々が価格の動きを目安にして行動していくと、需要と供給が均衡に向かって調整されていく。アダム・スミスが『諸国民の富』の中で述べた「神の見えざる手」による需給の調整がこれである。このように、市場では価格の動きを通じて需給が調整されるとともに、需給が一致するところに均衡価格が決定されることになる。ここには、A・マーシャルが「ハサミが両刃で紙を切るように、需給が価格を決める」と述べた現象がみられるのである。

5 シグナルとしての価格

価格は需要と供給の調整というパラメーター機能を果たしているが、さらに市場に参加する人々の嗜好の変化や生産技術の変化、あるいは資源の状態といった基礎的条件の変化を市場参加者に伝え、社会全体として限られた資源を人々の必要の度合いに応じて効率的に配分する役割も果たしている。たとえば、何らかの理由によって消費者の嗜好に変化が生じ、いままで好まれていたものが飽きられ、それに代わって別のもが求められるようになった場合、生産者は消費者の嗜好の変化そのものを知ることができないとしても、市場における価格の変化を通じて嗜好の強まりによるその財の需要増加を知ることができる。これは先の需要・供給曲線において、その財の需要曲線が右上方にシフトすることを意味する。そこで、図2-5からわかるように価格が上昇するので、生産者は供給量を増加させることになる。

図2-5 需要曲線のシフト

このように、たとえ消費者が何を求めているかを直接に知ることができないとしても、市場におけ

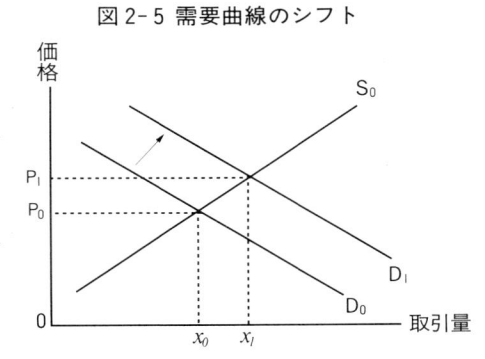

る価格の動きを通じてそれを知ることができる。その結果，そうした財により多くの資源が振り向けられ，供給が拡大されることになる。また，逆に何かの理由で需要曲線が左下方にシフトし，価格が低下すれば，その財は人々に必要とされなくなったということがわかるので，それに応じて生産が減少することになる。

一方，生産の側の変化も市場価格の変化を通じて消費者に伝えられることになる。たとえば，技術革新により今までよりも安いコストで生産ができるようになると，コストの低下が供給曲線を右下方にシフトさせて，市場価格を低下させることになる。そこで，消費者は技術革新の内容を知らないとしても，価格の低下を通じてそうした動きを間接的に知ることができるとともに，今までよりも安い価格で財を手に入れることができるという形でその恩恵を受けることができるのである。それゆえ，市場経済においては家計も企業も価格を目安にして行動していけば合理的に行動することができるということである。

6 価格の役割

そこで，価格の動きを中心として動いている市場経済は，サミュエルソンが述べたように，経済社会が解決すべき次の4つの課題，すなわち，
(1) 何を生産するのか
(2) どれだけ生産するのか
(3) どんな方法で生産するのか
(4) だれのために生産するのか

という課題を，市場メカニズムを通じて解決しようとしているのである。

第3節　需要・供給の原則について考える

これまでみてきたように，市場においては価格の働きを中心として生産と消費が結びつけられている。ここで展開した需要・供給分析は分析道具としては単純なものであるが，その中にも原則と呼ぶべき市場に関する重要な傾向があ

ることを理解することが必要である。

1 需要と供給の相互作用

　第1は，経済は需要と供給から成り立っているので，それを無視した行動をとっても，結局はこうした市場の動きから免れることはできないということである。このことを需要曲線と供給曲線を用いて具体的なケースを例にとって説明していこう。

　たとえば，いま図2-6においてE_0点で需給が均衡し，価格がP_0に決まっていたとする。このとき，この価格でもっとたくさん生産して売りたいと思い，生産を増やしたらどうなるか。もしP_0の価格で今より多く売れるならもっと儲かるはずである。しかし，需要が伸びないのにそれを無視して供給を拡大すると，超過供給となるために均衡点がE_1に移り，価格はP_1へと下落してしまうことになる。ゆえに，市場の需給を無視して多く生産して儲けようとしてもうまくいかないということである。

図2-6　供給曲線のシフト

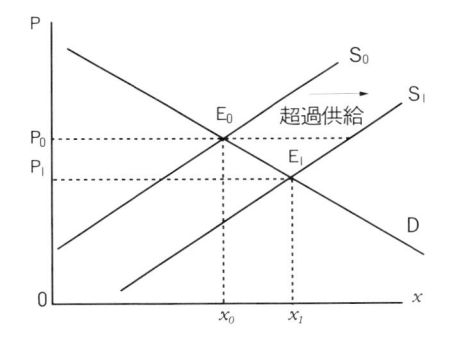

　この典型的な例は農産物にみられる。豚に代表される家畜はときどき高値で取引される場合があるが，高値になると儲かるので多くの農家で家畜の飼育を増やす。しかし，一定期間後にそれが一斉に市場に出荷されると供給過剰で値が崩れてしまい，予定していた収入が得られないということになる。好天による豊作が野菜の価格を暴落させ，豊作貧乏を招くという現象も同じである。こうしたことは農家にとっては実に厳しい現実であるが，これが市場経済における需要・供給の原則であり，それを無視することはできないのである。

2 ショートサイドの原則

　需要・供給に関して理解しておくべき第2の傾向は，市場ではショートサイドの条件が優先するということである。つまり，供給が少なく需要が多すぎて超過需要の時には供給側，すなわち売り手が強いために，価格が引き上げられることになるが，需要が少なく超過供給になっているときには需要側，すなわち買い手が強いために，価格は引き下げられることになるということである。労働市場の状況を表すときに使われる「売手市場」「買手市場」という用語もそれを指している。

　たとえば，好況で労働需要が労働供給を上回るような状態（売手市場）のときには賃金は上昇していくが，不況で失業が増えているような場合（買手市場）には，労働供給の方が需要を上回るために，賃金は引き下げられる傾向にあるということである。

　ここからいえることは，需要量に対し供給量が少ない場合には，価格が高くなる傾向があることを含めて，取引条件は供給側，すなわち売り手側に有利になるし，他方，需要量が少なく供給過剰となる場合には，需要側，すなわち買い手側が主導権を握ることになるので，価格の低下を含めて，取引条件は買い手側に有利になるのである。台風の影響で農作物の供給が激減すると価格が急騰し，反対に好天に恵まれて豊作になると供給過剰で価格が暴落するのもショートサイドの原則によるものである。

3 コストとベネフィットの比較

　第3は，市場では「フリー・ランチ」はないので，市場の取引はコストとベネフィットの比較にもとづいて行われるということである。市場で何かを手に入れようとする場合，何かを手放さなければならない。対価を払わないと財・サービスは手に入らないのであり，市場ではタダの昼飯はない。そこで，何らかの便益，すなわちベネフィットを得ようとする場合には，それを手に入れるために必要なコストとそこから得られる便益を比較して決定することになる。

第3節　需要・供給の原則について考える　43

　このことは財の購入だけに限らない。私たちは日常の行動の多くもこのコストとベネフィットの比較にもとづいて判断する場合が多い。たとえば，高校卒業後に大学に進学するか，就職するかを選択する場合にも，進学によって得ることができると予想される，知識の習得，学位の取得，有利な就職等々の便益と入学金，授業料，下宿代，交通費などの費用の比較にもとづく選択が判断の材料となる。

4　機会費用

　ところで，ここでの大学進学の例で費用を考える場合に重要なことは，その費用は授業料のような直接支払うものだけではないということである。実は，大学進学による最大の費用は，大学に進学せずに就職したなら得ることができたであろう賃金所得なのである。これを機会費用という。この機会費用こそがベネフィットと比較するときに考慮すべきコストなのである。このことは，プロ野球を例にとるとよくわかる。超高校級のルーキーでプロ初年度から1千万円を越える年俸を獲得できる選手を考えてみよう。プロに入れば2,3年後には年間数千万円の所得が稼げるであろうが，進学した場合にはそれがゼロになる。この場合，機会費用が高すぎることにより大学進学を選択する可能性は薄いといえる。若くして横綱になるような大相撲の力士が進学せずに早くから相撲の世界で活躍するのも，その選択の条件に機会費用があるといえる。

　すでに述べたように，家計にしても企業にしても自己の利益を追求して経済活動を行うが，その利益は財やサービスの生産や消費から得られ収益（便益）とそれを獲得するのに要する費用との差と考えられる。その場合，費用には機会費用も含まれる。もちろん，このような機会費用の概念が重要な役割を演じるのは，企業の生産活動の場面においてである。そこでビジネスと関連させながらもう一度その内容を確認しておこう。

　いま，ある経営者が2000万円投資してインターネット関連ビジネスを立ち上げたとする。かれはしばらくの間は給料なしで週あたり100時間は仕事に没頭している。その場合，かれのこの仕事のための費用は，投資金額の2000万円プ

44 第2章 市場経済の基本的な構図を考える

ラスかれの能力を評価してくれる企業に勤めた場合に週100時間働いて得られる最高の報酬である。たとえば，その報酬が1カ月100万円であれば，この事業の総費用は2100万円であり，そのうち100万円が機会費用である。したがって，この事業を立ち上げるためには2100万円以上の収入が見込める必要がある。また，企業がある事業の決算報告で2%の収益率を生み出したとする。しかし，この事業資金を金融資産に投資すると5%の利益率を上げることができるとすると，この企業は2%の利益と引き換えに5%の利益機会を失ったことになるので，差し引き3%の損失になると考えられる。このときの5%が機会費用である。このように，機会費用は資源や資金をある用途に使用した場合，それを別の用途に使用した場合に得られたであろう利益を指すのであり，経済活動が合理的であるかどうかを判断する場合に重要な役割を果たす概念となる。

第4節　市場メカニズムを通じて　　　資源配分は効率的にされる

　市場では価格の変化にしたがって需要と供給が調整されていくが，市場経済はこうした動きを通じて経済活動に必要な資源を効率的に配分する役割も果たしている。たとえば，ミカンを生産している農家を考えてみよう。まず，外国からの柑橘類の輸入が自由化される前の国内のミカンの需要曲線と供給曲線が図2-7に示されている。消費者はミカンの価格が高いとあまり買わないが，安いとたくさん買うので需要曲線は右下がりとなる。一方，ミカンの生産者は家計から各種の生産要素を購入し，他の企業から機械設備や肥料等を買い入れて生産を行う。生産者は売り上げから生産費を差し引いた利潤を最大にしようとするので，価格が高いほどたくさん生産することになる。したがって，供給曲線は右上がりとなる。その結果，図2-7に示されるように，ミカンの価格はP_0に決まり，取引量はx_0となる。

　次に，柑橘類の輸入が自由化された場合を考えると，ミカンの代替品である外

第4節 市場メカニズムを通じて資源配分は効率的にされる 45

国のオレンジが今までよりも安い価格で買えるようになる。そこで，人々は安くなったオレンジを買うので，その分ミカンの購入量は減ることになる。その結果，ミカン自体の価格は以前と変わらないにもかかわらず，その需要は減少することになる。これは図2-7においてミカンの需要曲線のD_0からD_1の動きで示

図2-7 オレンジの価格低下による
みかん需要曲線の左方シフト

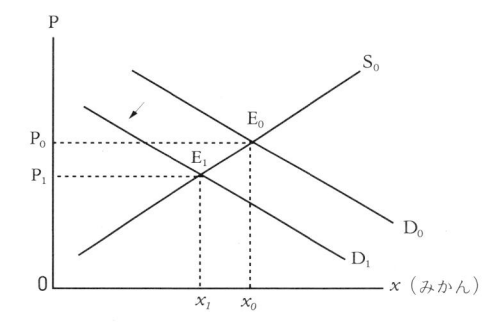

すことができる。需要曲線のシフトにより需給の均衡点がE_0からE_1に移るので，ミカンの市場価格はP_0からP_1に下がり，取引量はx_1へと減少してしまう。そこで，ミカン生産者は生産量を今までよりも減らしていかざるをえなくなる。

ミカン農家は，生産できなくなったミカンの代わりに何かほかの作物の生産に切り替えていくことになる。農業生産での収入の見通しが立たない場合には，農地を他に転用してアパートやマンションの経営に切り替えるかもしれないし，コンビニその他の貸店舗に利用するかもしれない。このことは，これまでミカンの生産に利用されていた土地，資金，労働力，設備といった資源がより高い利潤を生み出すことのできる他の用途に振り向けられることを意味する。これが市場メカニズムによる資源配分の調整である。

もうひとつ別の例をみてみよう。近年，技術革新の著しい分野のひとつにコンピュータ関連産業がある。そこで，パソコンの生産を例に挙げて市場における資源配分の問題を考えてみる。いま，パソコンの市場価格が図2-8のように需給曲線の交点E_0に対応してP_0に決まっているとする。ここで技術革新が生じ，いままでよりも優れた性能をもつパソコンがより安い費用で生産できるようになったとする。それは供給曲線を右下方にシフトさせるので，価格が低下するとともに取引量も増加する。また，その間にユーザーである消費者側も技術革新による操作の簡単化および小型化に伴いパソコンにより高い効用を感じ

図2-8 パソコンの価格低下と取引量の増大

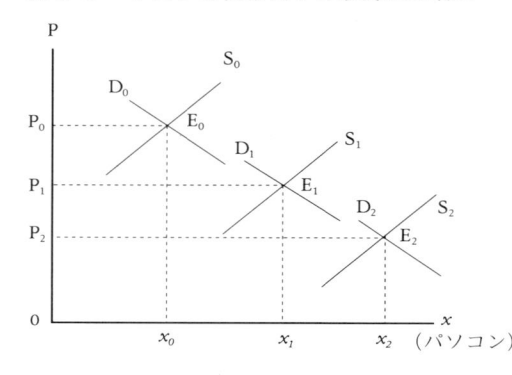

るようになる。それゆえ，需要曲線も右下方にシフトしていく。

ここには，技術革新→価格低下→需要増大→生産拡大という連鎖が生じ，生産が一層拡大することになる。それに伴って企業は生産性の低い分野からこうした生産性の高い製品の生産に労働・資金・設備等を振り向けていくことになる。最近，日本の鉄鋼メーカーが半導体・コンピュータ分野に進出しているが，こうした成長分野への生産資源の移動も市場メカニズムを通じた資源配分の一例といえる。

第5節　市場メカニズムにも限界がある

現代の複雑な分業と交換システムのなかで，何を，どのように，だれのためにといった経済問題は価格を中心とする市場メカニズムによって処理されている。このように，市場メカニズムは需給を調整し，資源を効率的に配分するうえできわめて重要な役割を果たしている。

しかしながら，市場メカニズムは万能ではない。市場メカニズムが有効に機能するためには競争が完全でなければならないが，後の諸章で詳しく説明するように現実の市場には寡占や独占的競争が存在するために市場での競争は不完全であり，価格をはじめとして市場での取引の多くが企業によってコントロールされることになる。その結果，市場メカニズムの働きは不完全なものにならざるをえない。また，現実経済では，さまざまな制度や慣行も市場での需給の調整を不完全なものにしている。

1 賃金の硬直性

たとえば，労働市場における失業の問題を例に挙げてみてみよう。我が国ではデフレ経済のもとで失業の増大がみられるが，そのなかでも高校卒業生の就職率の低下が問題となっている。これは初任給に代表される最低賃金の硬直化から説明することができる。横軸に労働量，縦軸に賃金をとった図2-9において，労働需要曲線 D_0 と労働供給曲線 S の交点 E_0 で新卒市場の需給が均衡し，初任給は W_0 に決まっているとする。ここで，不況のために企業の求人が少なくなり，需要曲線が D_0 から D_1 へと左下方にシフトしたとする。市場メカニズムが機能して，労働市場の価格である賃金が伸縮的に動く場合には新しい均衡は D_1 と S の交点 E_1 に決まり，初任給は W_1 へと低下するので，労働の需給は E_1 で再び均衡することができる。ところが，初任給が前年度から下がらず W_0 に維持されるとすると，W_0 の水準で労働の超過供給（非自発的失業）が生じることになる。その結果，新卒者の需給は一致せず卒業しても職に就けない就職浪人やフリーターとなる者が出ることになる。不況時における高卒の就職難や大学における女子学生の就職難はよく知られた事実である。

生産物市場の価格に関しても，必ずしも需給の変化に応じて動くとは限らない。たとえば製造業のように，不況になって需要が減少してもすぐに価格を下げることはせず，当面は生産量を減らすといった数量調整によって需要減少に対応する場合もある。こうした場合にも，価格による需給調整は不十分なものとならざるをえない。

図2-9 新卒の労働市場

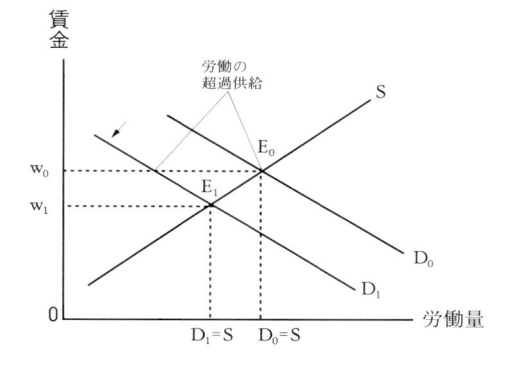

2 ミクロ経済学の課題

このように，市場メカニズムの調整作用によって経済活動が合理的に展開するという論証は，現実経済もそのとおりに進行するはずだということではない。そこで，ミクロ経済学の視点から市場経済を考察する場合には，市場メカニズムを不完全なものにする要因の内容まで分析の視野を広げる必要がある。そこで，本書の前半では，まず市場メカニズムの働きを解明するために，消費者行動ならびに生産者行動を説明し，それを通じて市場における価格決定と需要・供給の調整，資源の効率的配分の問題を考察する。次に独占ならびに寡占市場等の不完全競争の問題を説明し，さらに市場では解決できない問題である，いわゆる市場の失敗とそれにもとづく政府の市場への介入の必要性についてみていく。

第3章　需要曲線の世界を見てみよう

担当・関谷喜三郎

キーワード＝効用,限界効用,限界効用逓減の法則,限界効用均等の法則,稀少性原理,需要の法則,需要の価格弾力性

はじめに

　この章では,市場経済の問題を家計,すなわち消費者行動からみていく。市場は消費者による需要と生産者による供給から成り立っているが,消費者にしても生産者にしても市場においては自己の利益を追求して行動すると考えられる。そこで,市場メカニズムの働きを理解するためには消費者行動および生産者行動を分析し,需要曲線および供給曲線のもつ意味を理解しておく必要がある。そのうち,ここでは需要と価格の関係を中心にして,消費者の合理的行動についてみていく。

第1節　消費者の行動が合理的な理由は何か

1　効用

　前章における経済循環図でみたように,家計は生産要素を提供して得た所得をもとにして消費活動を行っている。その場合,生活の必要や欲望を満たすための財・サービスは限りなくあるが,これらを購入するための所得には限りがある。そこで,限られた所得のもとで消費活動を行う家計は,できるだけ所得を無駄なく使うように合理的に消費計画を立てると考えられる。消費者が財・サービスの消費から得られる満足の大きさを効用（utility）というが,合理的消費行

動の仮定とは，与えられた所得のもとで，消費から得られる効用を最大にするように消費活動を行うということである。

人々の必要や欲望に対して限られた所得の中で効用を最大にするように合理的に行動するにはどうしたらよいのか。消費者の合理的行動を説明するための消費行動に関する原理が2つある。限界効用逓減の法則と限界効用均等の法則がそれである。これらは消費者行動を説明するうえで重要な概念であるから具体的な例を用いてわかりやすく説明しておこう。

2 限界効用逓減の法則

人々が財・サービスを消費したときに得られる満足の大きさが効用であるが，この効用の概念は2つの内容をもっている。総効用と限界効用がそれである。たとえば，いまある人がパンを消費するケースをみてみよう。その場合，仮にパンを食べることから得られる満足，すなわち効用の大きさを数値で表せるとすれば，表3-1のようになる。ここで，総効用とは消費する財・サービス全体から得ることのできる満足のことである。したがって，パンの消費量が1つから2つ，3つと増えるに従って総効用は，10, 18, 24と増えていくことになる。

ただし，同じパンでも，1つ目より，2つ目，3つ目と食べていくにしたがって，パン1つ当たりに感じる満足の大きさは次第に小さくなっていくと考えられる。これは満足が満たされるに従ってその財に対する欲求の度合いが小さくなるからである。パンにしてもケーキにしても，1つ目がいちばん美味しいと感じるのが普通である。このパン1つ当たりの効用が限界効用であり，表3-1で10, 8, 6, 4……と示されるように次第に小さくなっていく。このように，財の消費量が増加するにしたがって限界効用が低下していくことを限界効用逓

表3-1 消費量と効用

財	総効用 U	限界効用 MU
1	10	10
2	18	8
3	24	6
4	28	4
5	30	2
6	30	0

第1節 消費者の行動が合理的な理由は何か　51

減の法則という。これは他の財を消費する場合にも当てはまると考えられる。

3 限界効用均等の法則

　効用最大化行動を説明するためのもう1つの概念が，限界効用均等の法則である。消費者が最大化しようとする効用の大きさは，1つの財だけでなく購入されるさまざまな財・サービスから得られる効用の合計である。実際，私たちの日常生活を考えてみれば，一定の所得からさまざまな財・サービスを購入し，そこから効用を得ている。その場合，1つ1つの財・サービスについては限界効用逓減の法則が当てはまる。そこで，消費者が各種の財・サービスを購入し，そこから最大の満足を得ようとする場合，限界効用の大きい順に消費していき，結果として各財の限界効用がちょうど等しくなるように消費すれば効用最大化を実現できるということになる。

　ただし，ここで注意しておくべきことは，各財・サービスの限界効用をそのまま比較しても意味がないということである。なぜなら，たとえばメロンとミカンの限界効用を比較する場合を考えればよくわかる。メロン1個の限界効用とミカン1個の限界効用では，たとえば30対5といったように明らかにメロンの方が大きいといえる。つまり，ミカンよりメロンの方が美味しいのである。しかし，メロンとミカンでは1個当たりの価格が違う。当然メロンの方が高い。もしメロンが1個1000円でミカンが1個50円とすれば，それぞれの限界効用をそのまま比べても意味がないのであり，各財の限界効用をそれぞれの価格で割って1円当たりの限界効用を求めてそれを比較する必要がある。

　このことをより一般化すると，X財（メロン）の限界効用をMU_x, Y財（ミカン）の限界効用をMU_yとし，それぞれの価格をP_x, P_yとすると，比較すべき限界効用の大きさは，限界効用を価格で割った貨幣1円当たりの限界効用，すなわちMU_x/P_xおよびMU_y/P_yということになる。そこで，もし消費する財がX財とY財の2つだけとすると，2つのうち貨幣1円当たりの限界効用の大きいものから購入することになり，2つの財のその限界効用が等しくなるように財を購入するときに総効用が最大になるということである。これを貨幣1円当たりの

52 第3章 需要曲線の世界を見てみよう

限界効用均等の法則といい，次のように表される。

$$\frac{MUx}{Px} = \frac{MUy}{Py}$$

ここで，もしY財の価格を一定として，X財の価格が低下したとすると，価格低下によってX財の貨幣1円当たりの限界効用はそれまでよりも高まることになるので，

$$\frac{MUx}{Px} > \frac{MUy}{Py}$$

となる。そこで，限界効用の高まったX財の購入を増やした方がより大きな効用が得られるので，Y財の購入を減らしてX財の購入を増やすことになる。X財の購入を増やしていけば，限界効用逓減の法則によってX財の限界効用は次第に低下していくので，やがて両財の限界効用は等しくなる。ここから，価格が低下すると需要量を増やすという右下がり需要曲線にそった行動が，効用最大化を実現するための合理的行動であることを消費理論の面から論証することができる。

4 稀少性原理

　限界効用逓減の法則および限界効用均等の法則は，財の効用に関して重要なことを教えてくれる。それはまず財は量が多くなると限界効用が低下していくということであり，逆にいうと，量が少なければ少ないほど限界効用は大きいということである。つまり，稀少であることがより高い限界効用をもたらすということである。このことは，ダイヤモンドと水の価格の関係を説明するのに役立つ。通常，生活の必要性からみれば水の方が圧倒的に重要であるにもかかわらず，水の価格はダイヤモンドに比べて極めて低い水準にある。これはなぜであろうか。それは，水は供給量が多く大量に消費できるので効用は高くても限界効用が小さいのに対して，ダイヤモンドは供給量が少なく，したがって消費量が少ないので限界効用が高いためである。ここには稀少性原理が働いている。そこで，限界効用均等の法則にしたがって，水とダイヤモンドの関係をみる

と，水に比べてダイヤモンドの方が限界効用が高いので，水の価格が低く，ダイヤモンドの価格が高いときに，貨幣1円当たりの限界効用MU／Pはともに等しくなるということである。

5 需要の法則

　消費者が合理的に行動する場合，右下がり需要曲線に示されるように価格が下がると需要が増え，逆に価格が上がれば需要が減ることになる。これを需要の法則という。この需要の法則は，市場における価格の役割を説明するのに役立つ。それは，価格は市場における需要の大きさを調整するのに重要な役割を果たすということである。資源の制約から一般にほとんどの財・サービスがタダで人々の必要や欲求を十分に満たすほど豊富にはない。ゆえに，限られた財・サービスを人々の間にどのように配分すればよいかが問題となる。需要曲線からわかるように，人々は価格が高いと少なく需要するが，価格が低いと多く需要する。このことは，限りのある財については，価格がある水準に設定されることによって需要を制限していることを意味する。つまり，その価格でも購入したいという人のみがその財を手に入れることができるということである。この意味で，価格は需要を調整する機能を果たしているのである。

　このことは，高速道路がなぜ有料なのかを考えてみればわかる。高速道路はなぜ高速で走ることができるのか。それは渋滞がないからである。渋滞がないのは有料にすることによって利用者，すなわち需要が制限されているからである。もし，これが無料であるとしたらいままで以上に多くの車が高速道路に入るために日常的に混雑が生じると考えられる。このように，市場の価格は，その価格で欲しいという人だけがそのものを手に入れることができるという意味で需要量を制限する役割を果たしているといえる。

第2節　需要曲線はなぜシフトするか

右下がり需要曲線は，価格が低下すると需要量が増えることを教えてくれるが，需要は価格以外の要因によっても動く。その場合の需要の変化については図3-1に示されるように需要曲線のシフトによって表される。

1　所得変化

価格以外で消費需要にもっとも大きな影響を与えるのは所得の変化である。たとえ価格が変化しなくても所得が増えればいままでよりも多くのものが買えるので需要は増える。図3-1に示されるように，価格 P_0 が変化しなくても需要量は x_0 から x_1 へと増加する。使えるお金が増えると消費も増える。したがって，景気が好転して，所得が増加していく時には需要曲線も右上方にシフトし，需要が拡大すると期待できる。一方，逆のケースも考えられる。不況になって所得が減ってしまうような状況では，需要が減退するので需要曲線は左下方にシフトすることになる。不況の場合，景気対策として減税政策が取られる場合があるが，それは減税による可処分所得の増加を通じて需要曲線を右上方にシフトさせることによって需要を増加させようとするものである。

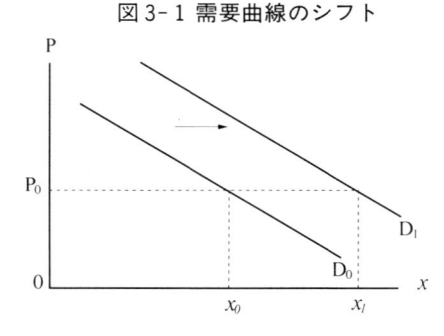

図3-1　需要曲線のシフト

需要曲線のシフトによる需要増加が理解できると，「価格が下がると，需要量が増える」というのと，「需要が増えると，価格が上昇する」という，一見すると矛盾しているような表現の違いを理解することができる。これはどちらも正しい表現である。なぜなら，前者は1本の需要曲線上での価格低下による需要量増加を表しているが，後者はたとえば所

得の増加により需要が増えたといったように，価格以外の要因で需要が増えて，需要曲線が右上方にシフトした結果価格が上昇するということだからである。

2 需要と情報

　消費者の需要はさまざまな情報によっても大きな影響を受ける。身近なところでは，友人や仲間からの情報を通じて流行の商品を購入するケースがあるし，近所のスーパーの折り込み広告を見ながらその日の買い物を決める場合もある。その中でも最も大きな影響を受けるのは，テレビやラジオ，新聞等を通じた企業による宣伝・広告であろう。とくに，テレビ・コマーシャルの効果は大きいと考えられる。

　すでに述べたように，消費者行動理論では，人々は自らの必要に基づいて効用を最大にするように商品を購入すると仮定されている。しかし，すべての商品が本来の必要にもとづいて購入されるとは限らない。場合によっては，コマーシャルに影響されてそれほど必要でないものまで買ってしまう可能性がある。広告・宣伝は人々の購買意欲を掻き立てることによって大きな需要を生み出す効果をもつ。とくに，大規模な設備で大量に生産する企業にとっては，大量生産したものを大量に販売する必要がある。そのためにはある程度の需要の確保が必要である。そのための手段として広告・宣伝が使われる。

　一般的に企業が需要を拡大させるための手段としては価格の引き下げが考えられる。だが，単に価格を下げるだけでは競争企業も引き下げるから需要はたいして伸びない。ゆえに，たとえ価格を引き下げる場合でも，これを宣伝の材料にして広告による需要の創出を図らなければならないのである。

　もちろん，広告・宣伝には新しいすぐれた商品の存在を消費者に伝えるという消費者にとっても有用な機能がある。しかし，企業にとってはそれ以上に大量に生産したものを大量に買わせるための重要な手段である。コマーシャルに成功して人々の欲望を刺激することができれば，需要の拡大が可能となる。それは，需要曲線を右方にシフトさせる効果をもつ。ここには，消費者の需要が企業の生産・販売活動の一環として行われる広告・宣伝による需要創出活動に依存

するという,アメリカの経済学者ガルブレイスが「依存効果」とよんだ現象がみられるのである。

第3節 需要の価格弾力性とは何か

　消費者の行動を表す需要曲線に関して理解しておくべきもうひとつの重要な問題は,価格の変化に対する需要の変化の度合は財・サービスの種類や性質によって異なるということである。これは,日常の消費からもわかる。たとえば,主食の米やパンについて考えてみると,米が値下げされたからといって夕飯に2杯食べていたご飯を3杯にする人はいないし,今日はパンが安いからといっていつも3つ食べている人が4つにすることはないので,そうした財の需要は価格の変化にそれほど大きく反応しないであろう。一方,洋服などはバーゲンセールで安くなると,余計に買っておこうとするので,値下げによって需要が拡大する。このように,価格の変化に対する需要の変化の程度は財・サービスによって異なる。

I 需要の価格弾力性

　価格の変化に対する需要の反応の程度を測る尺度を需要の価格弾力性という。これは価格が1%変化したときに需要が何%変化するかを表す大きさである。需要の価格弾力性の値をeで表すと,

$$e = - \frac{\frac{\Delta x}{x}}{\frac{\Delta P}{P}}$$

となる。つまり,弾力性は,価格変化率($\Delta P/P$)分の需要量変化率($\Delta x/x$)のことである。マイナスの符号は,価格が下がる(マイナスになる)と需要量は増加(プラス)するので,弾力性を正で定義するために付けられている。

　たとえば,価格が10%低下したとき,需要量が10%増えた場合,その財の需要

の価格弾力性は1である。したがって，e＝1となる。需要量が10％以上増えるときには，e＞1となり，10％以下の場合は，e＜1となる。

財によって弾力性の大きさは異なるが，通常，1を基準にして，1よりも大きい場合を弾力的といい，1よりも小さい場合を非弾力的という。弾力性が1より大きく（e＞1），価格の変化に対して需要が大きく反応する財としては，ぜいたく品や代替品のある財に多くみられる。たとえば，流行のファッションなどは価格が下がると需要は増大するし，レジャーなども価格の低下で大きく増加すると考えられる。また，食料品などは買い置きができるかどうかによっても左右される。冷蔵庫で長期間保存できる肉類などは価格が下がると需要が増大することになる。一方，弾力性が小さい（e＜1）財は，生活必需品や代替品がないものに多くみられる。たとえば，自動車を使って仕事をしている人はガソリンが値上がりしてもガソリンの需要を減らすことはできないので非弾力的となる。通勤・通学の定期代も値上がりしたからといってバスや徒歩といった代替手段に切り替えることはできないので需要はほとんど変化しない。

図3-2 価格弾力性の大小

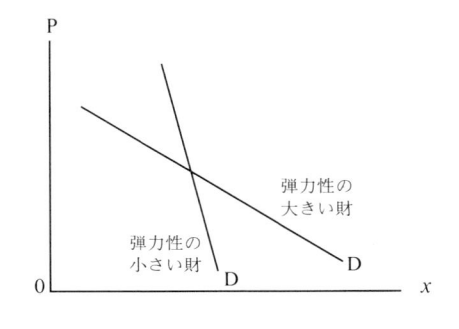

図3-3 価格弾力性ゼロ

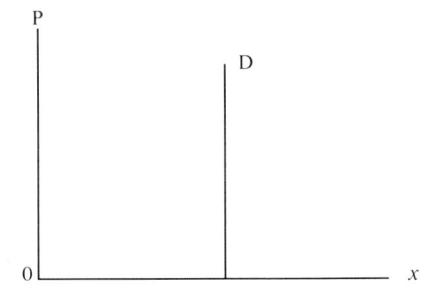

通常，図3-2に示されるように，弾力性が大きい財は，より緩やかな傾きをもつ需要曲線で表現することができる。弾力性が小さい財は価格が変化しても需要量がそれほど変化しないので，需要曲線の傾きはより急傾斜となる。価格の変化に対して需要

量が全く反応しない場合には，弾力性はゼロとなる。この場合には，図3-3のように需要曲線は垂直になる。愛煙家の中には，値上がりしてもそれまでと同じ本数を吸い続ける人がいるが，その場合のたばこの需要曲線は垂直であり，弾力性はゼロといえる。

2 価格弾力性とビジネス

　需要の価格弾力性は消費者の価格に対する反応の程度を示すものであるが，実はこの弾力性の大きさは企業の売り上げを左右するという意味で，売り手，すなわち企業にとってきわめて重要な概念である。たとえば，先のたばこの例のように，弾力性がゼロ（$e=0$）で値上げしても需要量が減らなければ，値上げによって消費者のたばこに対する支出額は増加する。それは企業に取っては値上げによって収入が増えることを意味する。一方，価格の上昇以上に需要が減るような弾力的（$e>1$）な財の場合には，値上げによって支出額が減少するので，収入は低下することになる。たとえば，イワシが不漁で値上がりすると，消費者がイワシを買うのを控えるといったケースがそれにあたる。したがって，弾力性の大きさいかんによっては，値上げによって大きく利益を失う場合もある。

　値下げの場合はこれと逆のことがいえる。弾力性が大きい（$e>1$）財の場合には，値下げをすると需要が大きく拡大できるので，収入を増やすことができるが，弾力性が小さく（$e<1$），価格を引き下げても需要が増加しない場合には，消費者の支出額がそれまでよりも減ってしまうので，逆に収入を減らしてしまうことになる。この値下げの場合の収入の動きを需要曲線を用いて説明すると次のようになる。

　図3-4には，右下がりの需要曲線Dが描かれている。ここに描かれている需要曲線は直角双曲線である。直角双曲線というのは，曲線上のどこであっても価格と需要量を掛け合わせた面積が等しくなる線である。すなわち，$0P_0Ax_0＝0P_1Bx_1$である。したがって，どの価格であっても支出額（価格×需要量）は等しい。この直角双曲線上では需要の価格弾力性は1になる。これは次のように証明できる。

直角双曲線は，2変数の積（ここでは，価格P×生産量x）が一定の曲線なので，

$$Px = \alpha$$

となる。ここで，α は一定の値を意味する。先に述べたように，図3-4の需要曲線ではどの点であってもこの面積は同一になる。数学上の約束にしたがってこの式を次のように変形する。

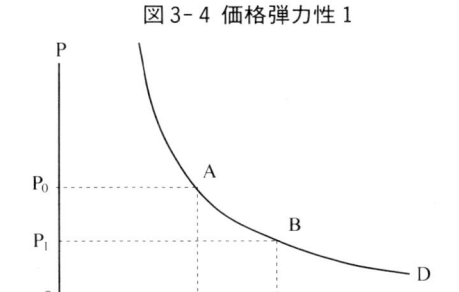

図3-4 価格弾力性1

$$x = \frac{\alpha}{P} = P^{-1}\alpha \quad \cdots\cdots\cdots\cdots\cdots(1)$$

これを価格Pで微分すると，$x^n = nx^{n-1}$ の公式を用いて，

$$\frac{dx}{dP} = -P^{-2}\alpha = -\frac{\alpha}{P^2} \quad \cdots\cdots\cdots\cdots\cdots(2)$$

となる。需要の価格弾力性は，

$$e = -\frac{\Delta x}{x} \cdot \frac{P}{\Delta P} = -\frac{dx}{dP} \cdot \frac{P}{x} \quad \cdots\cdots\cdots(3)$$

であるから，(1)式と(2)式を(3)式に代入すると，

$$e = \frac{\alpha}{P^2} \cdot \frac{P}{\alpha/P} = \frac{\alpha}{P^2} \cdot \frac{P^2}{\alpha} = 1 \quad \cdots\cdots\cdots\cdots(4)$$

となる。したがって，直角双曲線上ではどの点においても弾力性は1であることがわかる。

この図をもとにして，弾力性が1を上回る（$e > 1$）の財の場合には，価格が低下すると支出額が増加することがわかる。図3-5には，直角双曲線である需要曲線 D_0 とそれと同じA点を通り，傾きがよりゆるやかな需要曲線 D_1 が描かれている。ここで，価格 P_0 のときには，2つの需要曲線とも支出額は同じである。しかし，価格が P_1 に低下すると，D_0 線のB点が示す支出額はA点のときと同じであ

図 3-5 価格弾力性 > 1

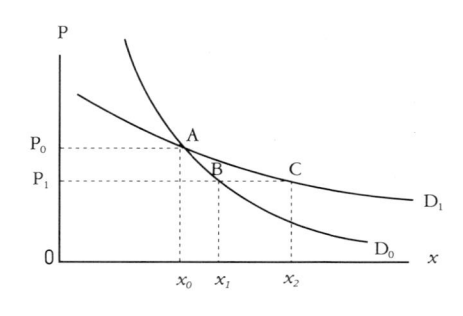

るが，D_1 線上の C 点が示す支出額は B 点より大きくなる。このことは，価格変化率よりも需要量変化率が大きいということであり，まさに弾力性が 1 より大きいことを示すものである。

それゆえ，需要の価格弾力性の大きさによって価格低下による消費者の支出額は異なることになるので，弾力性の値は，売り手側にとって価格戦略を実施する場合に注意すべき重要な要因であるといえる。

第 4 節　需要法則にも例外がある

これまでみてきたように，需要の法則にしたがって，消費者は価格が下がると需要量を増やすと考えられる。しかしながら，現実の消費行動はさまざまな要因によって影響をうけるために，つねに価格の低下が需要を増やすとはかぎらない。場合によっては，需要の法則とは逆に，価格が上がると需要が増え，価格が下がると需要が減るといった現象が生じることもある。その場合には，需要曲線が右上がりとなる。

1 将来予想と需要

消費者が食料品のような日常的な商品を購入する場合には，そのときどきの価格を見るだけで，その価格が将来どうなるかを考えてから購入を決めることはない。しかし，マンションや土地を購入する場合には，現在の価格だけでなく，将来それが安くなるか高くなるかを予想して購入を決めるのが一般的である。もし，将来高くなりそうであれば今買うし，安くなりそうであればしばらく待ってから買うことになる。その場合，マンションや土地の市場価格が高くな

り出すと，将来もっと上がると予想し，早めに購入しようとする人が増えるので，需要は増加するし，逆に値が下がりだすと，もう少し待ってからという人が増えるので，需要は減少することになる。この場合，需要曲線は図3-6のように右上がりに描けることになる。株式も同じような動きをする。株価が上昇しだす

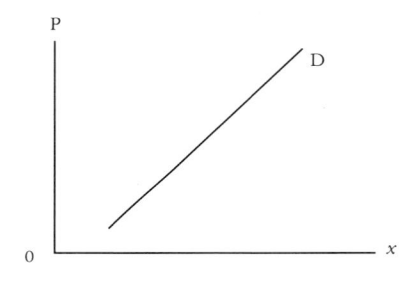

図3-6 右上がり需要曲線

と，将来の値上がりを期待する人が増えるので買いが増えるが，株価が下がり出すと一層悲観的になるので，買う人は少なくなる。このように，人々が将来価格を予想して購入するものについては，右上がり需要曲線にそった動きがみられる場合がある。

2 デフレ下の消費行動

　需要の法則の例外は，日常の財・サービスの購入にもみられる場合がある。それは消費者が価格の変化に対応して行動する場合である。ここ数年の我が国にみられるように，消費者物価が下落する状況のもとで，消費者がもう少し待てばさらに価格が下がるという期待を持つようになると，いわゆる「買い控え」が生じるので，価格の低下が需要を減らすことになる。この場合にも，需要曲線は右上がりに描ける。このことは，結果として需要の減退によりデフレーションを一層進行させることになる。

　これは，インフレーションのケースにも当てはまる。物価が上昇するような場合には，人々は将来の値上がりを予想するようになる。そこで，物価が上昇し始めるとさらにインフレがひどくなることを予想して，今のうちに買っておこうとするので，物価上昇にしたがって需要は増えることになる。ゆえに，このケースでも需要曲線は右上がりとなる。この場合には，インフレがさらに加速されることになる。

企業が在庫品を手当する場合にも同じことがいえる。つまり，インフレでは価格上昇が一層のインフレ期待を生み出すので在庫に対する需要を増加させるし，デフレでは価格下落が一層のデフレ期待を生み，買い控えることになるのである。

第4章　供給曲線の世界を見てみよう

担当・関谷喜三郎

キーワード＝供給曲線，限界費用曲線，利潤最大化，供給の価格弾力性，企業内の資源配分機能

はじめに

　この章では，市場を構成する経済主体のうち企業の生産活動をとりあげる。私たちは日常生活のなかで市場の機能を意識することはないが，市場メカニズムはその複雑かつ精巧な仕組みを通じて私たちの生活に想像を超える規模と深さで影響を及ぼしている。経済学のもっとも重要な役割は，この市場メカニズムの本質を明らかにし，経済の仕組みを解明することにある。第2章の経済循環図で示したように，市場は家計と企業からなる。このうち，本章では企業の生産活動をとりあげ，市場分析の基本的なツールである供給曲線の意味と内容についてみていく。

第1節　生産者の行動が合理的な理由は何か

I　利潤最大化

　生産者，すなわち企業は生産活動を行う経済主体であるが，市場で厳しい競争に勝ち抜いて生産活動を継続していくためには，利潤を獲得し，それをもとにして一層の競争力をつけていかなければならない。ここで，利潤とは，売上げから生産に要する費用を差し引いたものと考えることができる。それがプラスであ

れば利潤が生まれることになる。ただし,単に利潤がプラスであればよいというのではなく,それができるだけ大きいことが望ましいのはいうまでもない。すなわち,利潤最大化である。

経済学の原理では,利潤の最大化は限界収入と限界費用が一致するところで生産量を決定することによって実現されると考えられる。これは,生産をもう1単位増やすことによって得られる収入の増加分と,生産をもう1単位増やすことによって生じる費用の増加分が一致するということである。なぜなら,収入の増加分である限界収入の方が費用の増加分である限界費用よりも多ければ,生産を増やすことによって利潤は今以上に増えるし,費用の増加分の方が収入の増加分より多ければ利潤はいまより減ってしまうからである。そこで,限界収入と限界費用の両者が一致するところで生産量を決めると利潤最大化が実現できるということになる。この利潤最大化を目指して行動することが,企業にとって合理的な行動ということになる。

2 供給曲線

利潤最大化を求める企業は,価格が高いほどより多く生産しようとする。その結果,価格と生産量の関係を表す供給曲線は右上がりの線として描けることになる。このことを,ハンバーガーショップを例にとって限界収入と限界費用の関係から説明してみよう。

いま,一定の設備のもとでハンバーガーを造って販売しているお店を考えてみる。このお店の厨房設備はあらかじめ備え付けられている。ここで,若者に人気があって来店者が増えた場合を考えてみる。顧客の増加に対応してハンバーガーの生産を増やすために,とりあえずハンバーガーを造るための従業員を増やすことになろう。また,店内で食べる来店者のために出来上がったハンバーガーをテーブルまで運ぶサービスや,店内の清掃のためにも従業員を増やす必要がある。はじめに,少ない人数でやっていたときは,従業員を増やすと作業能率が上がるので,1人増やすごとに生産の増加率もアップすることになる。増加した人が生み出す生産の増加分を限界生産物というが,はじめのうちはこ

れが逓増していくことになる。しかし、これはずっと続くわけではない。従業員の数が増えていくとやがて1人当たりの作業能率は次第に落ちていくので、1人余分に増えても生産はそれほど増加しない。これを限界生産物の逓減という。

　一般に、生産を増加させる場合、どんな生産活動でも資本設備をすぐに増加させることはない。はじめは一定の設備のもとで残業時間を増やしたり、従業員の数を増やすことによって生産の拡大に対応する。その場合、通常はすでに多くの従業員を雇っているので、さらに従業員を増やせば全体として生産量は増加するが、1人当たりの生産はそれほど増加しない。その意味で1人増えることによる限界生産物はむしろ低下傾向にあるといえる。そうであるとすれば、1人雇うことによる費用である賃金はこれまでの人と同じであるから、限界生産物が小さい分だけ費用は割高になるといえる。そのことは、新たに1人雇うことによって生じる費用の増加分である限界費用が逓増すること意味する。そこで、生産の増加に伴う限界費用の動きを図にすると図4-1のように右上がりの線となる。これを限界費用曲線という。

　一方、企業にとって生産物1単位あたりの収入は生産物を1つ売ったときの値であるから、それは価格である。価格が市場の需要と供給によって決定される競争市場においては、個々の企業は市場で決まった価格にしたがって行動することになるために、生産物を1単位増やすことによって生じる収入である限界収入は、市場価格の水準で一定となる。そこで、図4-1に示されるように、価格が市場でP_0の水準に決まっているとすると、企業は、限界収入である価格P_0と限界費用曲線が一致するA点で生産量をx_0に決定すると利潤が最大になることがわかる。この図では、P_0Ax_00の面積（価

図4-1 限界費用曲線と利潤最大化図

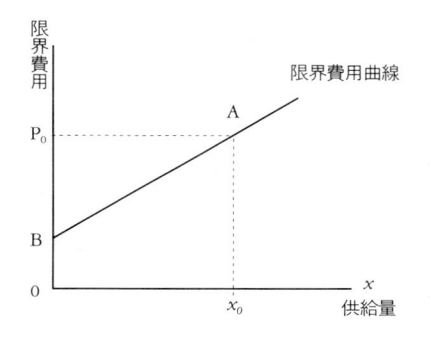

図 4-2 供給曲線

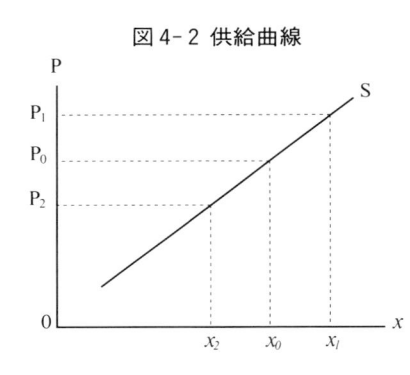

格×生産量）が収入であり，限界費用曲線の下の面積 Ax_0B が費用であるから，利潤は ABP_0 の面積となる。

この図からも，限界収入と限界費用が一致するところで生産すると利潤の面積（ABP_0）が最大になることがわかる。

そこで，たとえば図 4-2 に示されるように，価格が P_0 から P_1 に上昇すると，企業は新しい価格水準 P_1 のところで限界収入と限界費用が一致するところに生産を決定するので，生産量は x_1 増加することになる。逆に，価格が P_2 に低下する場合には，生産量を x_2 に減らすことになる。したがって，図 4-2 からわかるように，市場で価格が上がると限界費用曲線にそって生産量を増やし，価格が下がると生産量を減らすことになる。ゆえに，この限界費用曲線が右上がり供給曲線 S を表すことになる。

3 供給曲線のシフト

右上がり供給曲線は，企業が利潤最大化を目指して行動する限り，市場で価格が上がると生産量を増やし，価格が下がると生産量を減らすということを示している。しかし，たとえ価格が変化しなくても，他の条件が変わった場合には生産量も変化する。たとえば，技術革新によって今までよりも安い費用で生産ができるようになると，限界費用が低下するので，供給曲線が S_0 から S_1 へと右方シフトする。その結果，図 4-3 に示されるように，価格が変化しなくても供給量は x_0 から x_1 へと変化することになる。

図 4-3 供給曲線のシフト

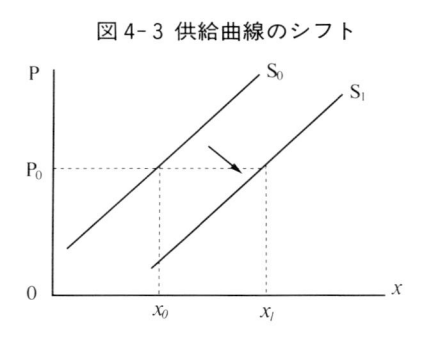

また，円高によって海外から輸入している原材料の価格が下がると，より安い

コストで生産ができるようになる。これも供給曲線の右方シフトによって表すことができる。最近では，100円ショップに代表されるように，多くの商品に価格の引き下げがみられるが，さまざまな企業のコスト削減努力による供給曲線の右方シフトによってもたらされている面が大きいといえる。

第2節　供給の価格弾力性とは何か

1 供給の価格弾力性

前章において，需要の価格変化に対する反応の度合いを表すものとして需要の価格弾力性という概念を説明したが，供給についても価格弾力性を考えることができる。供給の価格弾力性 e_S とは，価格の1%の変化に対してその財の供給量が何%変化するかを表すものであり，供給量の変化率（$\Delta S/S$）を価格の変化率（$\Delta P/P$）で割った値として表すことができる。すなわち，

$$e_S = \frac{\frac{\Delta S}{S}}{\frac{\Delta P}{P}}$$

となる。

供給曲線は一般的に右上がりであるから，価格が上昇すると供給量が増えるので，供給の価格弾力性は正の値をとる。弾力性の値が1より大きい場合（$e_S > 1$）を弾力的といい，1より小さい場合（$e_S < 1$）を非弾力的という。

供給の価格弾力性は産業によって異なる。弾力性が大きいということは，価格の変化に対して生産量がすぐに対応できるような産業であるが，一般的には工業製品の生産をあげることができる。工業製品の場合は，通常，在庫を保有しているので何かの理由で需要が増えた場合でも在庫を放出することによってすぐに供給量を増やすことができる。また，生産量も比較的容易に増やすことが可能である。ゆえに，図4-4に示されるように，工業製品の供給曲線は緩やかな

図4-4 工業製品の価格弾力性と需要変化

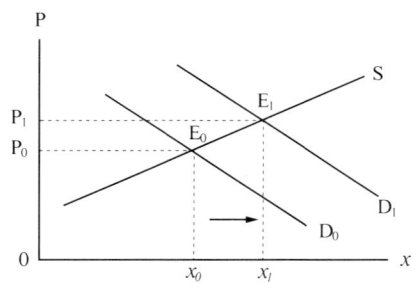

図4-5 農産物の供給曲線

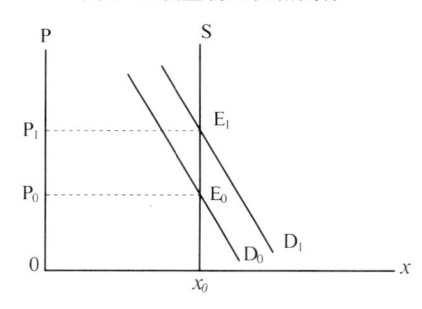

傾きをもつ線となるので，需要曲線が D_0 から D_1 にシフトして需要が増加した場合でも，その大部分は x_0 から x_1 への供給量の増加で対応できる。したがって，価格はそれほど変化しない。

弾力性が小さいものとしては，農産物があげられる。生鮮野菜や果物をはじめとして，多くの農産物は供給の弾力性が小さいといえる。とくに，野菜のように作付けをした後，一定期間の後に収穫するような作物は，作付け面積に応じてその期間中の供給量は一定と考えられる。したがって，供給曲線は単純化すれば図4-5に示されるように，たとえば x_0 の生産量で垂直な線として描ける。この場合には，価格弾力性はゼロである（$e_s = 0$）。

一方，需要については，消費者は安いとたくさん買い，高いとあまり買わないので，需要曲線は右下がりとなる。ただし，野菜をはじめとして農産物は生活必需品の部類に属するので，価格が安いからといって余分に買ったりしない。したがって，需要の価格弾力性は小さいので，需要曲線の傾きは急な傾斜をもつことになる。そこで，市場では E_0 で需給が等しくなり，価格は P_0 に決まることになる。

2 農産物価格の変動

工業製品に比べて農産物の供給の価格弾力性が小さいという事実は，農産物の価格は変動しやすいのに工業製品の価格はあまり動かないのはなぜか，とい

う現象を説明するのに役立つ。図4-4に示したように，工業製品の供給曲線は傾きが緩やかなために，需要の変化に対して価格の変化が小さいことがわかった。これに対して，図4-5におけるような垂直の供給曲線ではどうなるであろうか。もし需要曲線がD_0からD_1へと右方シフトし，需要が増えた場合，供給量は一定であるから，価格だけがP_0からP_1へと上昇することになる。

このように，農産物の価格は需要の変化に対して大きく変動することがわかる。しかしながら，現実の市場における農産物価格の変動は，供給側の変化による場合が多い。そこで，次にレタスの生産を例にとってこのことをみてみる。

高原野菜であるレタスの生産はほぼ特定の地域で行われており，産地の作付け面積もほぼ一定していると考えられる。しかも，種を蒔いてから生産までに一定の時間がかかるので，すぐに生産量を変化することはできない。その意味で，一時点をとればレタスの供給量は一定であるとみることができる。これは図4-6に示されるように，供給曲線が一定量（x_0）のところで垂直になる（S_0線）ことを意味している。需要曲線は右下がりであるから，価格は両曲線の交点E_0に対応してP_0に決まることになる。

ここで，レタスの収穫時に天候が急変し，収穫が激減するケースを考えてみよう。台風の時期に収穫期を迎える農産物にはこうしたことがしばしば生じる。このことは供給曲線がS_0からS_1へと左方にシフトすることを意味する。その結果，需要曲線との交点は上方に移り（E_1点），価格がP_0からP_1へと急騰することになる。思いがけない不作による価格上昇は日常的にみられる現象である。一方，予想外の豊作という場合もある。豊作で供給量が増えると供給曲線がS_0からS_2へと右方にシフトする。その結果，価格はP_0からP_2へと暴落する。供給過剰による価格の低下は農家の収入を減少さ

図4-6 農産物価格の変動

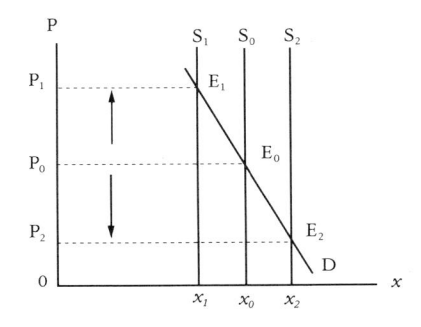

せることになる。場合によっては生産費もまかなえない事態となる。豊作貧乏といわれる現象がこれである。

このように，農産物の供給量は天候に左右されて激変する可能性があり，それが価格を不安定化させることになるのである。ただし，たとえ豊作になって生産量が増えたとしても，すべて市場に出荷せずに在庫として保有しておけば供給過剰による値崩れを回避できるし，不作のときにはその在庫を市場に放出すれば品不足による価格急騰を防ぐことができる。しかし，農産物，とくに生鮮野菜や果物は工業製品のように在庫が利かないために，在庫による供給量の調整ができない。それゆえ，生産の変化がそのまま価格の変化となって表れるといえる。

農産物の価格変動は，国内の農家だけでなく外国においても同じである。その代表的な農産物が小麦である。小麦の生産は天候によって出来不出来が左右され，それによって国際価格が大きく変動する。小麦の価格変動は生産国の農業に大きな影響を与えるだけでなく，我が国のようにその大部分を輸入している国にとっても大きな問題である。この場合も，もし在庫が保有できれば，それによって市場の供給量を調整することができるので，価格の安定化とともに供給量それ自体を安定化させることができる。幸い，小麦は他の農産物よりは長期間にわたって備蓄が可能である。そこで，現在では，廃船などを使って小麦を備蓄し，供給量の過不足を調整する方策がとられている。緩衝在庫といわれるものがこれである。

3 価格弾力性と短期・長期

供給の価格弾力性は産業によって異なることをみたが，価格に対する供給量の変化は，時間の長さによっても左右される。たとえば，需要が変化してもそれに供給が対応できないような短い時間では，価格が変化することによって需給が調整されることになる。この場合には，弾力性の値はゼロになる（$e_s = 0$）図4-5のようなケースもそれに当たる。

次に，原材料や労働量を変化させて生産を拡大しうる程度の時間が見込まれ

るケースでは，需要の変化は価格と生産量の両方によって吸収されることになる。図4-4の工業製品の市場がこれに当たる。さらに，生産設備や企業規模まで変化しうる長期の期間を想定すると，供給曲線はより緩やかな傾きをもつことになり，極端なケースとしては横軸に水平な供給曲線を描くことができる。この場合には，弾力性の値は無限大になる（$e_s = \infty$）。

第3節　市場の動きと企業の戦略を考える

これまでみてきたように，工業製品と農産物では供給の価格弾力性が異なる。そのために，農産物の価格は変動しやすいが，工業製品の価格は比較的安定していることがわかった。しかし，工業製品を生産している企業といえども，常に価格を一定に保つことができるわけではない。需要の減退が続けば，価格を下げざるをえないし，逆にコストが上がれば値段を上げざるをえない。その意味で，企業の製品価格も需給の変動による影響を免れることはできない。いずれにしても，市場の価格は需要と供給が均衡する方向に動き，その価格変動に応じて需給が調整されるとみることができる。そこには，市場メカニズムが働いているのである。

I 供給量の制限

市場で取り引きされる財・サービスの多くは，供給量を需要量が上回れば価格が上がり，供給量の方が多くなれば価格は下がると考えられる。しかし，すべての市場においてこうしたメカニズムが働くとは限らない。現実の市場では，さまざまな形で生産者による価格や供給量のコントロールが行われている。

プロ野球のチケット販売を例にあげてその需給の調整がどのように行われているかをみてみよう。野球に対する需要は右下がり需要曲線で示すことができるが，供給量は球場のキャパシティによってあらかじめ一定に決まっている。しかも，チケット料金はたとえば1枚5000円といったように一定である。ここでは，単純化して料金は内外野席とも同じであるとする。そこで，この需給曲線

図 4-7 プロ野球の市場

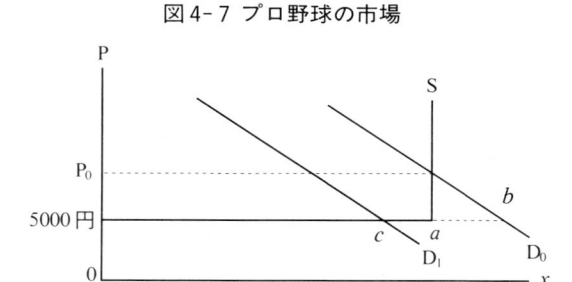

を図示すると図4-7のようになる。供給曲線は満席までは一定の料金のもとで横軸に水平となり，それ以降は垂直な線となっている。そこで，もし需要曲線が D_0 の位置にあるとすると，abの超過需要が生じることになる。ここで，もし通常の市場であれば需給が均衡する P_0 の水準まで価格が上昇すると考えられる。しかし，野球のチケットの場合には，価格が売り手の側で一定に決められているので動かない。その意味で，この市場には価格による調整メカニズムは働かない。野球の場合の需給調整は「早い者勝ち」によって行われるのであり，「徹夜で並んでも見たい」という人だけがチケットを手にすることができるという仕組みになっている。

もちろん，逆のケースも考えられる。つまり，需要曲線が D_1 の場合もある。このケースでは需要が球場のキャパシティを満たすほど多くない。したがって，acの超過供給が生じることになる。観客が少ないということである。この場合も，市場メカニズムが働くなら価格は下落するはずであるが，価格が下がらないので空席の目立つところでプレーが行われることになる。

このように，市場によっては供給量がある水準に制限される場合がある。これについては，プロ・スポーツのようにプレーする競技場のキャパシティにより物理的に供給量が制限される場合もあるが，供給量が人為的に制限されるケースも多い。街でみられる行列のできるお店の中には，あらかじめ供給量を制限し，限定販売という形で話題性をつくり，顧客の買いたいという欲求を持続させる戦略をとる場合もある。デパートの地下食品売り場でみかける「今だけ，ここだけ，これだけ」という販売戦略も，まさに売り手の側の供給制限による市場のコントロールの例である。

第4節　市場と企業活動による資源の配分

　これまでみてきたように，企業は原則として右上がり供給曲線にしたがって価格を目安にしながら行動している。その場合，価格は市場の需給関係によって変動するので，それに応じて生産量も変化することになる。市場で起こった変化が価格を通じて生産者に伝えられ，それにもとづいて供給量が調整されるということである。こうした市場メカニズムの働きは需給の調整という大きな役割を果たしているが，同時にそれは資源配分を調整する役割も果たしている。その場合，資源配分は市場全体として行われるとともに，企業内部においても行われていることに注意することが必要である。なお，市場における資源配分の効率性については，次の第5章において説明することになる。

1　企業内の資源配分機能

　現代では，情報技術（IT）関連の分野で働こうとする人々が増えており，その分野で行われる設備投資も大きくなっている。これは製造業や金融分野からITへの労働力や資本設備といった資源配分の移動を意味する。こうした資源配分はまさに市場メカニズムを通じて行われるものであり，だれか特定の人が命令しているわけではない。そこでは価格がひとつのシグナルとしての役割を果たしているのであり，企業活動においても，たとえばより低い価格を提供してくれる部品業者に注文が流れるという形で資源配分がなされる。これが市場における「見えざる手」による調整である。

　しかし，同一企業の中でも資源配分は生じる。たとえば，採算の取れなくなった部門を廃止し，収益の見込める部門にヒト・モノ・カネを移動させるといったケースである。企業内のさまざまな部門にどれくらいの労働者と資金を投入するかという決定は，人々の自由な判断できまる市場における資源配分とは異なる。その資源配分の決定を行っているのは企業組織の管理機構であり，経営者である。ここには，経営者の「見える手」が働いている。

もちろん，企業も市場経済の一員である以上，企業を取り巻く市場全体の資源配分の動きに逆らうわけにはいかないが，市場メカニズムという経済全体の動きのなかで，個々の企業の中でも組織を通じた資源配分が行われているのである。

2 市場と企業

現実には，市場による「見えざる手」の調整と企業内の「見える手」の調整の両者が存在している。企業がこの2つのメカニズムをいかに使い分けているかを理解することは，企業活動を理解する上で重要である。その場合，企業は2つの資源配分メカニズムを，その経済的合理性の優劣に応じて使い分けていると考えられる。たとえば，企業は生産のために部品を必要とする場合，それを自社内でつくるか，系列の下請けに任せるか，それとも一般の市場から調達するかの選択をせざるをえない。企業内で生産する場合には，部品工場と生産工場との間での企業内の資源配分となるが，これを外部に任せるとなると，市場を通じた資源配分になる。外部の場合には部品そのものの費用以外に，取引相手との契約交渉をはじめとしてさまざまな取引コストがかかることになるが，企業内取引にもコストはある。

市場からの調達にしても，企業内での調達にしても資源配分を実行するためにはさまざまな調整費用がかかる。そこで，その時々の経済情況や市場の動向に応じて合理的な方法が選択されることになるので，企業内が有利となればそちらに目が向けられるし，市場が有利となればそちらで取引することになる。これも全体としては市場メカニズムの作用のなかでの動きといえる。自動車産業における系列の見直しや，国内製造業のアジア諸国への進出などは，現実的な例といえる。

第5章　完全競争市場はどの程度効率的といえるだろうか

担当・安田武彦

キーワード＝完全競争市場, プライス・テーカー, 一物一価の法則, ワルラス的調整過程, マーシャル的調整過程, 消費者余剰, 生産者余剰, 社会的厚生, 市場の効率性, 価格規制, 課税, 自由貿易

はじめに

　前章までに, 完全情報を持った合理的な家計や企業といった経済主体が, 価格を与件としてどのように行動するかを学んできた。この消費者行動の理論と生産者行動の理論から導出された需要曲線と供給曲線を用いて, 完全競争市場における均衡価格の決定と調整をみていくことにする。まず完全競争市場とはどのような条件を満たすものなのかを示してから, 完全競争市場においてどのように価格が決まるのかを説明する。次に完全競争市場における資源の効率的な配分について考察していく。

第1節　需要と供給によって価格はどう決定されるのか

I 完全競争市場

　生産者と消費者からなる市場は競争条件の違いによって, 大きく完全競争市場と不完全競争市場に分類される。このうち, 本章では, 完全競争市場を取り上げ, 不完全競争市場については, 次章で詳しく説明する。まず完全競争市場の条件をみておく。

第1に，市場において多数の売り手と買い手が存在し，各経済主体の規模は市場全体に比べてきわめて小さい。そのために個々の売り手や買い手が供給量や需要量を変更しても市場全体に影響を与えることはない。その結果，売り手も買い手も市場価格を与えられたものとして，つまり**プライス・テーカー**（価格受容者）として行動せざるを得ない。この仮定のもとでは，売り手は所与の市場価格でいくらでも売ることができ，また買い手も所与の市場価格でいくらでも買うことができる。そこで売り手はこの所与の価格で，利潤が最大になるように供給量を決定し，買い手は効用を最大化するように需要量を決定する。

第2に，市場で取引される財・サービスは同質的である。それぞれの売り手の供給する財は，その製品の品質や性能といった基本的な機能においても，スタイルやデザインといった副次的機能においても差別化がなされていない。それゆえに買い手にとってはどの売り手から買っても同じであり，製品は完全に代替的なものとして取引される。

第3に，市場で取引される財・サービスの価格や品質に関する情報は，売り手と買い手の双方に完全に行き渡っている。そこで，消費者は価格にのみ反応し，もっとも安い価格で提供されている財・サービスのみを購入する。つまり売り手が，市場価格より高く販売しようとしてもまったく売れず，また市場価格より安く販売しても，規模がきわめて小さいので，市場全体の需要に影響を与えることはない。結果として，1つの財には，1つの価格しか成立しないこととなる。ここに「**一物一価の法則**」が成立し，売り手も買い手も，この決まった価格でしか市場で取引はできないこととなる。

第4に，売り手も買い手も自由にこの市場に参入，退出できる。法的・行政的な参入及び退出の制限はなく，取引慣行などによる参入障壁もなく，どの企業も利益が見込めれば参入し，損失が出たらいつでも退出できる。

以上の4条件を満たすときに，完全競争市場が成立する。もし，この4条件の1つでも満たさない場合には，完全競争市場とはならずに不完全競争市場となる。この4条件を満たす市場を現実の世界を見つけ出すことは困難であるが，一部の農産物，水産物市場は完全競争に近い市場といえる。

第1節 需要と供給によって価格はどう決定されるのか　77

　たとえば，小麦を生産する農家は，アメリカの中西部に大農場を持つ農家といえども，小麦市場に影響を及ぼすことはできない。ゆえに市場で決まる価格にしたがって行動することとなる。実際に，アメリカの小麦生産者は穀物相場と為替レートなどの変動を読んで，適時に量を調整し・販売し，利潤を最大にしようと努めている。そのほかにも株式・債券市場などは完全競争に近い市場といえる。

　しかしながら，完全競争市場の4つの条件をすべて満たす市場はほとんどない。それにもかかわらず，完全競争市場の分析を行う意義は，後述するように，完全競争市場が効率的な資源配分をもたらすということにおいてめざましい特性があり，それゆえに市場の機能を評価する上で理想型としての役割を果たすからである。

2 市場における均衡価格の決定と調整過程

　完全競争市場では，どのようにして均衡価格が決定されるのであろうか。すでに以前の章で説明したように，価格と需要量の関係を示す需要曲線は右下がりとなり，供給曲線は右上がりとなる。したがって，この競争市場における需給の均衡は，需要曲線と供給曲線の交点Eで決まる。図5-1のように，この交点Eにおいて，均衡価格はP_0，均衡取引量はx_0となる。価格がこの需要量と供給量を一致させるP_0以外にあるときは，どのような状態となるのであろうか。P_0より高い価格のときには，意図しない売れ残りを抱えた企業が発生する。またP_0より低い価格のときには，需要の満たされない消費者が発生する。いずれも企業，消費者双方が不満足な状態となる。需給が完全に一致するのは，この均衡点Eしかなく，この点においてのみ，企業も消費者もそれぞれ効用と利潤を最大化すること

図5-1　ワルラス的調整過程

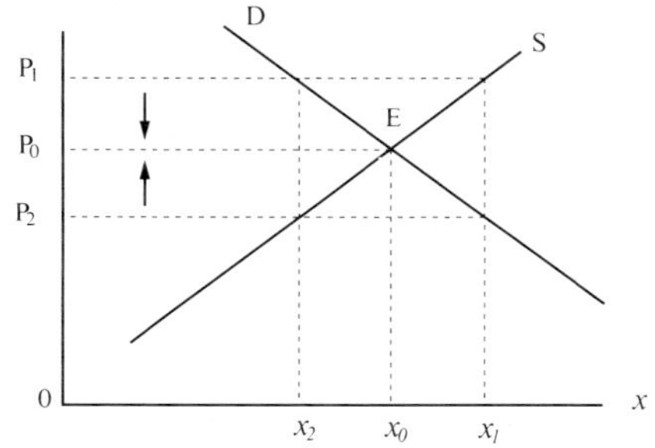

ができる。

　しかしながら，このような競争市場における需給は当初から均衡しているとは限らず，需給が不一致な場合も存在する。その場合には，市場メカニズムを通じて均衡へ向けて需給の調整が行われる。この調整過程には2つの説明の仕方が存在する。

　図5－1のように，もし価格が均衡価格より高いP_1にあるときには，x_1-x_2だけの超過供給が生じており，意図せざる売れ残りを抱える供給業者が発生している。これは価格が高すぎて買い手の需要量が少ないということで，売れ残りが発生している状態である。そこで，売り手である企業は価格を引き下げて売れ残りを捌く必要がある。価格が下がるにつれて需要量は増加していく。この均衡に向けた収束運動はE点に達するまで続くと考えられる。また逆に，価格が均衡価格より低いP_2にあるときには，x_1-x_2だけの超過需要が生じており，購入できない買い手が存在している。ここでは，品不足が生じている状態であり，売り手である企業は価格を引き上げても売れるので，価格を引き上げていく。また買い手も購入する機会を失ってしまうので，価格引き上げを受け入れる。価格が上昇するにつれて需要量は減少していく。この均衡に向けた収束運動はE点に達するまで続くことになる。

　このように価格を媒介として，需要と供給が均衡へと収束する過程を，先駆者のレオン・ワルラスの名を取り**ワルラス的調整過程**という。このワルラス的調整過程では，需給にアンバランスが生じた場合には，価格が敏感に反応して変化し，この価格変化に対応して，短時間で需要量も供給量も変化すると考えられている。このような価格変化に対応して需要と供給が短時間で調整される市場としては，例えば，株式市場や外国為替市場があげられる。また小麦や大豆などの農産物の商品市場のような非耐久消費財市場も同じような市場特性をもつものである。

　需要と供給に関するもう1つの説明方法は，市場の売買価格に乖離が生じる場合に，需要量及び供給量が調整されることにより市場均衡が達成されるという，**マーシャル的調整過程**である。アルフレッド・マーシャルは，需要の価格に対す

る反応は速いが、生産の調整には時間がかかるという点から、供給の反応は遅くなると考えた。

図5－2のように、需要曲線が右下がり、供給曲線が右上がりのときに、均衡需給量 x_0 より少ない x_2 の水準にあるとする。ここでは、供給量が不足しているために需給は不一致になっている。しかし、財の生産には時間がかかるので、短期的には供給量は x_2 で固定されている。このために短期的には価格は需要水準に応じて P_1 に決まる。この需要量 x_2 における需要価格 P_1 は供給曲線に応じて生産者がつける供給価格 P_2 を上回っている。これは買い手が売り手より高い値をつけていることを意味する。そこで、売り手は供給量を増加させることになる。結果として、この場合には供給量は E 点に向かって増加していく。

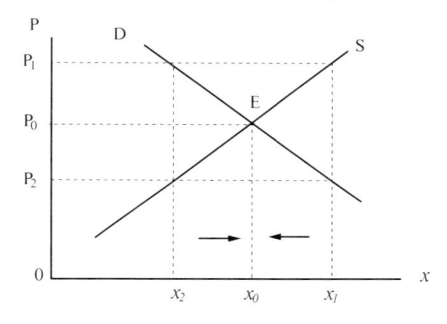

図5－2 マーシャル的調整過程

次に、均衡需給量 x_0 より多い x_1 の水準にある場合を考察する。短期的には供給量は x_1 に固定されている。このために短期的には価格は P_2 に決まることになる。この取引量 x_1 における需要価格 P_2 は供給曲線に応じた供給価格 P_1 を下回っているので、売り手は供給量を減少させることになる。この場合には供給量は E 点に向かって減少していく。いずれの場合にも、市場の取引量は時間の経過とともに均衡値に向けて収束していく。ここでは、供給量の調整に時間がかかることを前提として、数量調整によって均衡が達成されることを示している。

なお現実の世界では、供給量の増減に長時間かかる市場が一般的である。例えば、家電製品のような耐久消費財は時間をかければ増産できるが、需要の変化に対して瞬時に供給量を増やすことはできない。実際に、家電製品などの耐久消費財市場では、企業は需給の状態に応じて価格を変化させるのではなく、その生産量を調整して対応しているのである。

3 市場の暴走

多くの市場では，ワルラス的あるいはマーシャル的調整過程を通じて需給の均衡が図られる。しかしながら，現実の市場はつねに需給が均衡する方向に向かうとは限らない。市場によっては需給の不均衡が拡大し，市場全体を混乱させる場合もある。たとえば，株式市場にその例をみることができる。

すでに述べたように，株式市場はワルラス的調整過程が当てはまる市場と考えることができる。ワルラス的市場における調整については図5−1で説明されたが，その場合には，市場は右下がりの需要曲線と右上がりの供給曲線によって構成されており，価格によって需給の均衡が図られるというものであった。しかし，現実の株式市場では，需要曲線の形状が通常と異なる可能性がある。株式の需要とは株式を購入するということであるが，株の購入は株価についての将来予測に左右される。その場合，株価が上昇し始めると，いっそうの上昇を期待して需要は高まると考えられる。一方，株価が下落する局面では，一層の下落を予想して買い控える人が増えてくる。その結果，株式の需要曲線は右上がりとなるのである。株式の供給は株を売るということである。株価が高ければ売りが増えるので，供給量は増えるし，反対に安ければ売らずに好転を待つことになるので供給量は減る。したがって，供給曲線も右上がりとなる。そこで，株式市場の需給を図に描くと，図5−3のようになる。

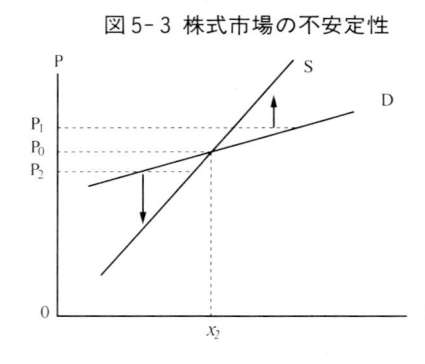

図5-3 株式市場の不安定性

この図において，株価が均衡価格 P_0 をはずれて上昇し出すと，一層の上昇を期待して買う人が増えるので需要は増大する。すると，需要が供給を超えるので株価は上がることになる。現実に株価が上がると，さらに買う人が増える。それがさらに株価を押し上げることになる。需要が供給を上回る限り株価は上昇し続けることに

なる。ここでの株価は企業業績を反映したものというよりも，投機的資金に支えられている金融相場であり，バブルともいえる。株式市場にお金が流れ込んでいる限りは上がり続けるが，企業の業績を反映したものでないために，投機的な資金が回らなくなった途端に暴落する危険がある。バブルの崩壊である。一方，株価が均衡価格 P_0 を下回った場合には，価格の下落にしたがって需要が減り，それが供給を下回るために，価格は一層下落し続けることになる。

いずれにしても，いったん均衡からはずれてしまうと価格は極めて不安定となり，暴騰する一方で暴落する場合もある。したがって，市場はいつも需給を安定化させるとは限らないのであり，場合によっては経済活動を大きく攪乱する場合もあることを認識しておく必要がある。

第2節　資源配分の余剰分析について考える

これまで説明してきたように，完全競争市場では，価格メカニズムの役割を通じて需要と供給が調整される。ところで，この完全競争市場で成立する均衡においては，効率的な資源配分が達成されると考えられる。そこで，次に市場における資源の効率的配分機能についてみていく。

1　消費者余剰

市場における資源の効率的配分の問題は，**消費者余剰**と**生産者余剰**という余剰概念を使って説明することができる。消費者余剰というのは，ある商品を消費者が手に入れるために支払ってもよいと考える金額と，実際に消費者が支払う金額との差額のことである。需要曲線を用いて，この消費者余剰をみていくことにする。

需要曲線は，価格と需要量の関係を表すものであるが，各需要量に対応する価格の高さは消費者がその財1単位に対して支払ってもよいと考える値を示しているとみなすことができる。つまり，消費者が新たに購入しようとする財・サービスの追加1単位から得られる限界効用を金額で表したものであり，追加1単位

図5-4 消費者余剰

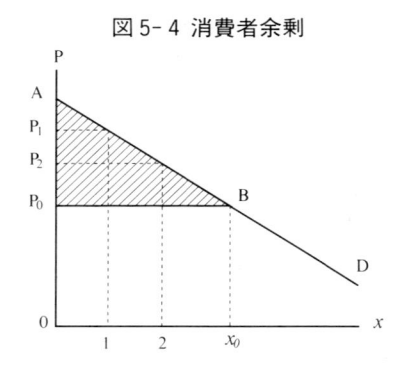

に対していくら支払うつもりがあるのかを示している。完全競争市場においては、価格は市場において決まるので、図5-4において、その価格をP_0とする。この消費者は最初の1単位に対してP_1だけ支払う意思があったのに、実際には市場価格のP_0しか支払わずにすんだことになる。つまりその差額は消費者の利得となったわけである。財の各単位について、支払額が限界効用を下回っている限り利得があるので、消費者は限界効用に等しい額まで支払ってもよいと考える。価格P_0で財の需要量はx_0であるとすると、消費者が支払ってもよいと考える総額、つまり効用全体の大きさは、$A0x_0B$となる。ここで実際に消費者が支払わねばならない額は、$P_0 0 x_0 B$である。このときに消費者が支払ってもよいと考える$A0x_0B$から実際に支払う額$P_0 0 x_0 B$を差し引いた三角形の斜線部分AP_0Bが消費者余剰である。消費者余剰は、価格P_0で需要量x_0のときに最大となり、このときに資源は最適に配分されているということになる。

2 生産者余剰

消費者と同様なことが、生産者にも当てはまる。図5-5のように、生産者の供給曲線Sを用いて、生産者余剰を見ていくことにする。最初の1単位を生産するために必要な費用をP_4とする。さらにもう1単位生産するのに必要となる追加的費用はP_3とする。このような費用が限界費用である。この限界費用をプロットしていったものが、限界費用曲線であり、これが企業の供給曲線である。ここで消

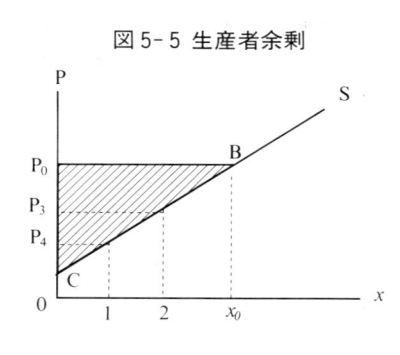

図5-5 生産者余剰

費者余剰のときと同じ議論が展開される。

　完全競争市場において，価格は市場で決定されるので，価格は P_0 となる。そこでこの企業は最初の 1 単位の生産には P_4 しかかかっていない。つまりその差額は企業の利益となったのである。生産者は，財の各単位について受け取る額，つまり収入がこの限界費用を上回っている限り利益をえられるので，受け取る額がこの限界費用に等しくなるまで供給を行う。価格が P_0 で供給量が x_0 であるとすると，企業の総収入は $P_0 0 x_0 B$ である。一方，$C 0 x_0 B$ は総費用をあらわしているので，総収入から総費用を差し引いた三角形の斜線部分 CP_0B が生産者余剰ということになる。

3 社会的余剰

　これまで消費者余剰と生産者余剰が説明されてきた。この 2 つの余剰の合計が総余剰または社会的余剰と呼ばれるもので，これが最大となるときに市場は最も効率的となる。またこの社会的余剰は，社会的厚生とも呼ばれる。

　図 5−6 には需要曲線と供給曲線が描かれている。完全競争市場においては，価格メカニズムの働きにより需給は均衡し，価格は P_0 に，取引量は x_0 に決定される。この場合の消費者余剰は AP_0B で，生産者余剰は CP_0B となる。そして両者の合計の総余剰は，斜線部分 ABC となる。このように完全競争のもとでの市場均衡において，消費者余剰と生産者余剰の合計である社会的余剰が最大になるという意味において，資源の配分の効率性が達成されているということになる。

図 5-6 市場均衡と社会的余剰

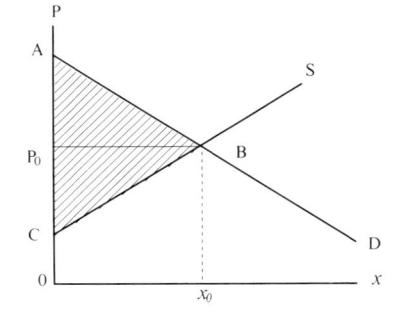

第3節　競争市場の効率性が阻害される場合について考えてみよう

　消費者余剰と生産者余剰についてみてきたが，この2つの余剰の合計である総余剰，つまり社会的厚生の合計が最も大きくなるときに，市場は効率的となる。完全競争市場では，この社会的厚生が最大になるという意味で，もっとも効率的といえる。

　図5-6には市場の需要曲線と供給曲線が描かれている。今までみてきたように，完全競争市場では価格メカニズムの働きによって需給は均衡し，価格は P_0，取引量は x_0 に決定される。この場合，消費者余剰は ABP_0，生産者余剰は CP_0B となり，両者の合計である社会的厚生の大きさは ABC となる。

　次に，価格が規制される場合に，この社会的厚生がどうなるか2つのケースをみてみよう。例えば，政府によって価格が市場価格以下に規制されている場合を考えてみる。図5-7のように，価格が P_1 に規制されると，需要量は x_1 となるが，供給量は x_2 に減るので，$x_1 - x_2$ だけ超過需要が発生する。この場合に，価格が政府によって P_1 に固定されているので，価格調整によって需給の調節ができない。それゆえに人々は供給の足りなくなった商品を得るために行列することになる。これを社会的厚生の観点からみると，取引量が x_2 なので，消費者余剰は $ADEP_1$，生産者余剰は P_1EC となる。したがって総余剰は ADEC となるので，完全競争の場合と比べて，DBE 分だけ少なくなっている。この社会的厚生の減少分を，死荷重（デッドウェイト・ロス）と呼ぶ。これは消費者にも生産者にも帰属することのない，社会的に失われてしまった部

図5-7 価格規制と社会的厚生

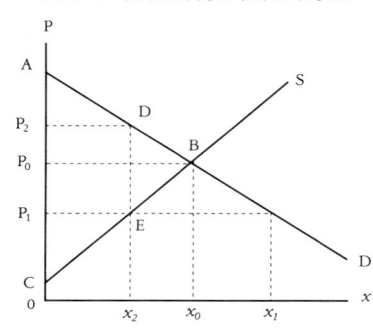

分である。

　また次章で詳しく取り上げるが，市場が完全ではない，独占市場の場合にも社会的厚生は減少する。完全競争市場の企業はプライス・テーカーであるが，独占企業は価格の決定権をもつ。この独占企業によって，市場価格より高いP_2に価格設定された場合を考えてみる。この場合の生産量はx_2となり，明らかに過少生産となる。図5－7からわかるように，消費者余剰はADP$_2$，生産者余剰はP_2DECとなり，総余剰はADECとなる。消費者余剰が大幅に減ったのに対して，独占企業の生産者余剰は増加している。この場合も完全競争と比べて，DBE分だけ社会的厚生が失われていることになる。

第4節　課税するとどのような影響が生まれるか

　取引される生産物に税が課せられると，需要曲線あるいは供給曲線がシフトして均衡価格と均衡量は変化することになる。いま，完全競争市場において，企業に対して生産する財1単位につきt円の税金が課せられるとする。こうした税は従量税といい，この税が課せられると企業は財1単位売るごとにt円の税金を支払わねばならない。これにより供給曲線は図5－8のようにtだけ上方にシフトすることになる。その結果，均衡点はBからFへと移り，価格はP_0からP_1へ，取引量はx_0からx_1へと変化する。この場合に，消費者の購入価格は課税前のP_0からP_1へと上昇する。一方で，企業の受け取る価格は(P_1-t)円，つまりP_2となる。つまり課税は消費者が支払う価格を引き上げ，企業が受け取る価格を引き下げる点に注意する必要がある。消費者は課税前にはP_0支払っていたが，課税後はP_1支払うことになるので，消費者の1単位当たりの税負担は価格上昇分のP_1-P_0とな

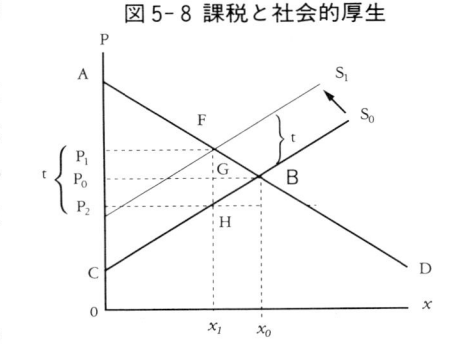

図5-8　課税と社会的厚生

り，これに購入量 x_1 をかけた面積 P_1FGP_0 が税負担となる。一方，企業は課税前には1単位当たり P_0 を受け取っていたが，課税後の受け取り価格は P_2 となる。したがって，企業の単位当たり税負担は P_0-P_2 であり，税負担総額は面積 P_0GHP_2 となる。ここでいえることは，税を納めるのは企業であるが，その一部は価格の上昇を通じて消費者にも転嫁されるということである。

これを社会的厚生の変化でみてみよう。図5－8のように，課税前の消費者余剰は ABP_0 で，生産者余剰は CP_0B であるので，社会的厚生は ABC となる。これに対して，課税後は消費者余剰が AFP_1，生産者余剰が CP_2H となる。また政府の課税分の P_1FHP_2 は，いったん国庫に収められた後で国民のだれかに支払われるものであるから，これも国民の社会的厚生に含まれる。したがって，課税後の社会的厚生は $AFHC$ となる。FBH が課税による社会的厚生の損失，つまり死荷重である。この死加重は，課税による財の販売減によって消費者と生産者が失う損失であるといえよう。

第5節　自由貿易によるメリットと問題点は何か

ここでは社会的厚生の観点から，自由貿易のメリットを考えていくことにする。図5－9のように，完全競争市場のもとでは，国内市場はB点で均衡し，価格が P_0，取引量が x_0 となると，この国の社会的厚生は ABC である。

図5-9 自由貿易と社会的厚生

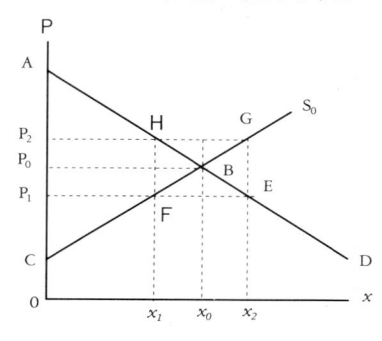

ここで国際価格 P_1 のもとで，自由に貿易が行われているとする。この国は小国であり，国際価格に影響を及ぼすことはないとする。また，輸送費や関税もないものとすると，この国は P_1 の価格で自由に輸入することができる。その結果，国内でも P_1 の価格で販売されるので，国内企業は価格 P_1 で，x_1 だけ

生産することになる。一方で，消費者は P_1 の価格で，x_2 だけ消費することになるので，この国では国内需要量の x_2 と国内生産量 x_1 との差（$x_2 - x_1$）は輸入されることになる。

ここで自由貿易後の社会的厚生の大きさを自由貿易前と比べてみると，貿易後の消費者余剰が AEP_1，生産者余剰は CP_1F となる。この場合に，社会的厚生は貿易前に比べて，FBE だけ増加している。これが自由貿易の利益であり，自由貿易は社会的厚生を増加させるという意味で効率的であるといえる。ただし，この輸入のケースでは，消費者余剰は増加する一方で，生産者余剰は減少していることがわかる。つまり国際競争力の弱い国内産業が自由貿易により圧迫を受けている。現実に，国際価格で競争できない繊維や農産物などの生産者が自由貿易に反対する理由がここからもわかる。

次に輸出の場合を考えてみよう。今度は国内価格 P_0 を上回る国際価格 P_2 のもとで，自由貿易が行われているものとする。この国は P_2 の価格で自由に輸出することができる。国内企業は価格 P_2 で，x_2 だけ生産することになる。一方で，消費者は価格 P_2 で，x_1 だけ消費することになる。国内生産量 x_2 と国内消費量 x_1 との差（$x_2 - x_1$）だけ輸出されることになる。

ここで自由貿易後と自由貿易前の社会的厚生の大きさを比べてみると，自由貿易後の消費者余剰は AHP_2，生産者余剰は CP_2G となる。この場合に，社会的厚生は自由貿易前に比べて，HGB だけ増加している。これが自由貿易の利益であり，社会的厚生を増加させるという意味で，効率的である。ただし，この輸出のケースでは，価格の上昇ゆえに消費者余剰が減少する一方で，生産者余剰が増加している。それゆえに，国際競争力をもつ自動車や家電などの生産者は自由貿易に賛成することが多いといえよう。

第6章　独占・独占的競争・寡占について考える

担当・安田武彦

キーワード＝不完全競争, 市場構造, 独占市場, 寡占市場, 独占的競争, 価格支配力, 製品差別化, 参入障壁, ニッチ市場, 囚人のジレンマ, カルテル, 協調的寡占, 垂直的取引制限, 競争促進政策

はじめに

　前章までは完全競争市場における経済モデルを考察してきた。完全競争のもとでは, 個々の消費者や企業は市場価格に対しては何の支配力ももたず, 市場において決まる価格に従って行動する。さらに完全競争市場では, 市場が効率的な資源配分を実現すると考えられる。

　しかし, 現実の経済はこのような完全競争の世界とはかなり異なったものである。農産物市場のような特殊な例を除けば, このような完全競争に該当するような市場を現実の経済で見出すことはむずかしい。たとえば日本のビール産業を例に取ると, その市場はキリン, アサヒ, サッポロ, サントリーの大手4社から構成されている。ビール会社各社とも独自のブランドを持ち, その味覚やイメージは同一ではない。また自動車産業に関してもトヨタ, ホンダ, 日産, マツダ, 三菱など少数の企業が製造しているにすぎない。これら自動車メーカーは外観, 性能, 燃費, イメージといった点で, 他社とは異なった車を製造し販売している。このような企業は市場において独自な価格設定を行っており, それゆえに市場価格をコントロールしうる力をもっている。同様な例は他の産業にもみられる。

　さまざまな産業にみられるように, 現実の市場は完全競争の条件を満たさな

い市場構造となっており,不完全競争が一般的であるといえる。それゆえに,本章では現実の経済を理解するために不完全競争という市場構造を取り上げ,不完全競争下で企業がどのように行動するかを明らかにする。

第1節　不完全競争の世界を見てみよう

1　市場構造

　不完全競争市場は,売り手と買い手の数,製品差別化,参入障壁などの市場の構造的特徴からいくつかの市場構造に分類される。特に売り手数から,独占,寡占,独占的競争の3つに分類するのが普通である。

　1企業が市場の100％を占める市場を独占というが,これは完全競争市場と同様に現実に見出すのは困難である。この独占と完全競争の間の中間的存在として独占的競争と寡占がある。独占的競争というのは,多数の企業が競争に参加しており,参入障壁もないという点で競争市場的ではあるが,他企業とは異なる製品・サービスを提供しており,一定程度の市場支配力を有しているという点で独占的要素も併せ持つ。また数社で市場を占有しあうのが寡占市場である。売り手が少数なので,企業間の相互依存関係がそこでは重要な意味を持つようになる。企業がどのような競争状態に置かれているかによって,企業の戦略やマーケティング活動の重点をどこにおくかが異なってくる。以下でこれらの市場構造を順次説明していく。

2　完全競争市場と不完全競争市場

　まず始めに取り上げるのが,前章で見てきた完全競争市場である。完全競争市場は,　多数の小規模な売り手と買い手が存在し,　財・サービスが同質であり,　情報が完全に知れ渡っており,　売り手も買い手も自由に参入・退出できるという条件が満たされている市場である。特に売り手側に完全競争が存在する場合には,個々の企業は市場価格に対してなんら支配力を持たず,市場で決定

図6-1 完全競争下の企業の需要曲線

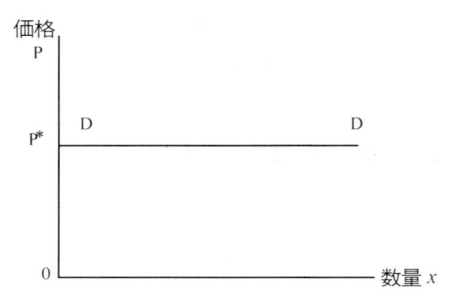

図6-2 不完全競争化の企業の需要曲線

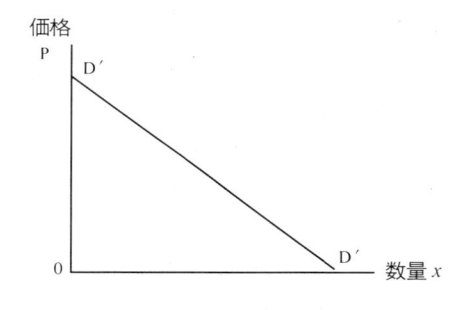

完全競争下にある企業は小規模の企業であり，利潤最大化を目指して市場で決まった価格のもとで生産し，生産したものはすべて販売しうると仮定されているので，各企業の直面する需要曲線は，図6－1のDD曲線で表されるように，市場価格の高さで横軸に平行な直線となる。このときに売り手は，その時々の価格によって，どれだけの数量を生産・販売するかを決定するだけである。完全競争市場では，市場価格を上回る値段をつけた場合には，買い手が現れないために，すべての顧客を失うことになる。また，その価格によって生産量をすべて販売できるので，それより安くしたり，費用をかけて広告することは意味を持たないこととなる。

これに対して，完全競争の条件が成立しない不完全競争においては，企業はその供給量や需要量を調節することによって市場価格に影響を及ぼしうるという意味で，市場支配力をもっている。この不完全競争下にある企業は，図6－2のD′D′曲線によって示されるように，水平ではない右下がりの需要曲線に直面する。それゆえ，企業が市場でより多くを販売する場合，需要曲線D′D′に沿って価格を引き下げることとなる。一方，完全競争市場の企業と異なり，価格を引き上げても需要の一部が減少するだけで，すべての顧客を失うことはない。このように不完全競争においては個々の企業の需要曲線は右下がりとなる。これが

完全競争と不完全競争を対比した場合の主要な相違点である。

第2節　独占市場について見てみよう

　独占市場は，市場において売り手が1社のみで他に競争相手がいないという不完全競争の中でも極端なケースである。それ以外にも売り手は密接な代替財をもたない財・サービスを提供する，参入障壁が非常に高いといった特徴がある。独占企業が市場における唯一の生産者であるので，独占企業の直面する需要曲線は，市場全体の需要曲線と一致する。市場における需要量は価格が下がると増加するので，需要曲線は右下がりとなる。

　独占市場の場合には，独占企業は供給量を操作することで市場価格を操作することが可能である。つまりプライス・セッターとして行動するということである。このような価格支配力を持つ企業は，需要曲線と供給曲線が交差する価格より高い水準に価格を設定することができる。しかし，その価格でいくらでも販売できるわけではなく，需要曲線が右下がりであるので，価格を引き上げることで需要量も減少する。そこで独占企業は需要曲線上で利潤を最大化するような価格と数量の組み合わせを選択することとなる。

　独占市場が成立する要因には次のようなものがある。第1に，生産活動を行うために不可欠な技術を持っている企業が1社しかない場合である。それは特許や著作権などの知的所有権の存在から可能となる。

　新たな科学技術に対しては制度として技術の独占が認められている。このような特許を政府が認める理由は，発明家に対して独占的な報酬を与えることが，資本主義経済の発展に不可欠なイノベーションの促進につながるからである。この技術の独占は，知的所有権を持たない企業に対しては，参入及び生産活動を制限する効果を持つものである。実際の有名な例として，コピー機メーカーのゼロックス社をあげることができる。コピーを発明したゼロックス社は，1970年代初めまで長年にわたり，コピー技術に関する基幹部分の一連の特許を有して，コピー機市場で独占的な地位を享受していた。1社のみで米国のコピー機市

場の95％を占めていたので，まさにゼロックスはコピーとほぼ同義語であった。

　第2に，生産費用の問題がある。規模の経済性が重要となる産業では，大規模生産が有利となり，独占が生じやすい。特に市場規模に比して大規模な資本設備が必要となる場合には，2社以上で生産するより1社で生産を行ったほうが費用が低くなる産業がある。これは自然独占と呼ばれるものであるが，このような場合には政府が自ら独占的な供給者になったり，政府が特定企業に独占的な事業許可を与える場合がある。例としては，以前にたばこの生産・販売を独占してきた専売公社，事業許可が制限されている電気事業，郵便事業などがある。

　しかし，独占を文字通り市場に企業が1社しか存在しないとすると，現実の経済で独占企業を見出すことは難しい。独占企業といっても，まったく代替関係がなく，競争的圧力のないケースというのはほとんど存在しないからである。例えば，東京電力などの電力会社は地域独占を認められており1社独占であるが，エネルギーの供給という面から言えば，東京ガスなどのガス会社や石油会社と競合関係にある。また同じように地域独占を認められている鉄道事業においても，他の交通手段のバスやタクシー，フェリー，航空機などと競合関係にある。また制度として認められている特許にしても期間があり，さらに急速な技術革新により陳腐化される場合も多い。

第3節　企業の製品差別化戦略とは何か

1　独占的競争

　市場構造には完全競争と独占以外にも，その中間的な存在として，独占的競争と寡占がある。表6－1のように完全競争の条件を満たさないものは，すべて不完全競争に分類される。そしてこの不完全競争は生産者の数，製品差別化，参入障壁といった市場の構造的特性からいくつかの市場構造に分類できる。このうち独占的競争は，完全競争ほどではないが，多数の生産者から構成されている。また市場への参入障壁が無いという点においても，基本的には完全競争市場に

第3節　企業の製品差別化戦略とは何か　93

表6-1　市場構造の分類

市場の種類		生産者数	価格支配力	製品差別化	参入障壁	産業例
完全競争		多数	なし	なし	なし	農業，水産業
不完全競争	独占的競争	多数	ある程度あり	あり	なし	小売業，出版業，ホテル，レストラン
	同質的寡占	少数	ある程度あり	ほとんどなし	高い	石油，鉄鋼，板ガラス
	差別寡占	少数	ある程度あり	ある程度あり	高い	自動車，ビール，家電製品
	独占	1社	相当程度あり	なし	非常に高い	公益事業

近いといえよう。しかし各企業はそれぞれが何らかの製品差別化を行っており，完全に代替的な財やサービスを生産しているわけではない。それゆえに各企業は，自己の製品に対しては一種の独占的地位にあり，一定程度の市場支配力を有している。

　この独占的競争状態にある企業は独自に価格設定ができるが，あまりにも大きく価格を引き上げてしまうと自社製品を愛用してくれている顧客を類似の製品を生産する他の企業に奪われることになる。その意味で独占的競争下にある企業は右下がりの個別需要曲線に直面しているといえる。この面では独占市場に似た性格を有している。このように競争と独占の両方の性格を持っているのが独占的競争市場の特徴である。

　独占的競争市場の場合，超過利潤が生じていると，参入障壁が存在しないので，その市場を目指して新規参入や新製品の投入が行われる。それゆえ，独占的競争市場においては，個別需要曲線は右下がりであるが，参入障壁が存在していないために新規参入が相次ぎ，長期的には超過利潤は消滅してしまうこととなる。

　独占的競争市場の例としては，衣料・食料などの各種小売業，ホテル・レストランなどのサービス業，出版業などがあげられる。例えば，イトーヨーカ堂，ジャスコ，ダイエー，ユニクロなどによって製造・販売されている低価格の衣料品

市場がそれである。各企業は他社では販売できない自社製品については独占力を持っている。しかし扱っている衣料品は他社のものと似通っており，かなり競争的となっている。しかも参入障壁が低く，新規参入が相次いでいるために，競争は激しいものとなっている。この衣料品の小売部門では多数の企業が競争しており，衣料品には大きな需要があるにもかかわらず，長期的な収益性はかなり低いものとなっている。

2 製品差別化

　独占的競争が完全競争や独占と異なるのは，製品差別化がなされているかどうかという点にある。市場において競争がどのような状態にあるのかは，市場内の企業数だけでなく，各企業がどの程度に異なった製品・サービスを生産しているかにも依存する。完全競争市場では多数の企業により生産される製品は同質である。小麦などの農産物や水産物が例としてあげられ，それらは同一製品であるがゆえに完全に代替できるものである。他方，独占的競争や寡占の市場で生産される財は，たとえ似通ったものであり，実際に同じような物理的特性を持つ製品ではあったとしても，少なくともある買い手にとっては他の製品より優れていると考えられている製品である。これは買い手がある特定の企業の製品を他社の製品と区別して，強い選好を持っていることを示している。ガソリンや砂糖などは企業による製品の違いはほとんどないが，耐久消費財や消費財の一部では製品差別化が行われている。例えば，ビールや清涼飲料水のメーカーは，同じ種類の商品を生産しながらも，全く同一の製品を作っているわけではない。アサヒのスーパードライとキリンの一番絞りには違いがあり，ペプシ・コーラとコカ・コーラにも違いがある。このように製品同士が似通っていても違いがあるという現象を製品差別化という。製品差別化は製品自体の差別化と，広告活動やアフターサービスなどの諸条件の差別化をもって進められる。

　企業の製品が他の企業と少しでも異なるのであれば，製品戦略，価格戦略，販売促進などの経営戦略を駆使して，市場で競争優位を実現することが可能となる。製品差別化がなされている自社の製品に対しては，独占的市場を得ること

ができる。完全競争においては個々の企業の製品は差別化されておらず、買い手は価格のみに基づいて選択を行う。

図6-3 差別化の有無による需要曲線

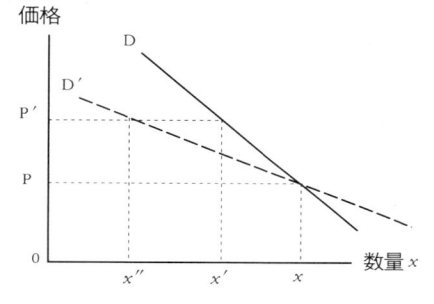

一方、複数の企業が差別化された製品を生産している場合、買い手は価格のみでなく、製品の特徴も考慮に入れて選択を行う。つまり製品差別化により競争は制限されたものになる。このように製品が差別化されていると、図6-3のDようにその需要曲線は価格に対して非弾力的となる。この場合には価格の変化に対して、需要量はわずかしか変化しない。価格をpからp′に引き上げても需要量はxからx′にしか減少しない。しかし、差別化がなされていない製品の場合にはどうなるであろうか。非差別化製品の需要曲線は、図6-3のD′のように価格に対して弾力的となる。この場合には価格の変化に対して、需要量の変化は大きなものとなる。同様に価格をpからp′に引き上げても、需要量はxからx″へと大幅に減少することになるのである。

製品差別化の主な要因としては、次のような点をあげることができる。最も主要なものが製品特性の違いである。製品の機能には、本来的なものと副次的なものがある。既存の製品の品質や性能を改善することや、品質や性能に関してまったく新しい製品を開発することにより、企業は本来的機能を差別化しようとする。より精確で故障の少ない機械、燃費のいい自動車などがその例であり、日本企業はこの本来的機能の向上によって、時計、精密機器、自動車などで世界をリードすることができた。時計産業などに見られるように、この本来的機能の差別化が行き詰り始めると、スタイル、デザイン、付属品といった副次的機能が差別化の対象となっていく。むしろ多くの消費財において、この副次的機能の差別化のほうが実際重要になっている。消費者の視覚、聴覚、味覚には個人的な違いがあり、それにもとづいて差別化がなされていく。

企業がニッチ市場を開拓して独占できるのは、まさに消費者の好みが多様だからであるといえよう。消費者側に多様な好みがあるからこそ、企業は消費者の一部をターゲットとして製品を差別化できるのである。その場合に消費者が購買するのは、それによって得られる全体としての満足あるいは利益である。それは製品機能のほかにも、包装、配達、品質保証や技術サポートといったアフター・サービスなどをあわせた複合的なものである。製品機能による差別化が困難であっても、サービスによる差別化が行える余地は大きいといえよう。

　細分化された市場、いわゆるニッチ市場において競争優位に立つためには経営戦略、特にマーケティング戦略が重要になってくる。この場合、完全競争市場の企業よりは事業を自由に展開できるが、独占企業ほど市場をコントロールできるわけではない。他社より価格を高く設定すれば、自社の製品を高く評価して他社の製品に切り替えない顧客は維持できるが、他社の製品に切り替える顧客もでてくるからである。またそのニッチ市場が成長性や収益性で魅力的であれば、新規企業が参入してきて競争も激化する。

　また立地上の条件の違いも差別化の要因となる。例として、小売業を取り上げてみよう。日常、電車に乗って隣町の大型スーパーマーケットへ食料品を買い物に行く人は少ない。多くの人が近所の八百屋や魚屋へ買い物に出かける。同じ大根を買うにしても、わざわざ隣町まで大根を買いにいくには時間と費用がかかりすぎる。それゆえ近所の八百屋が多少高くても、周辺の顧客を失うことはない。この大型スーパーマーケットと地理的に離れていることが、この八百屋に地域での独占力を与えている。

　さらに広告や宣伝などにより高められるブランド・イメージも差別化の重要な要因である。購入しなければ品質がよくわからない製品の場合には、消費者は企業の評判に頼ることになる。例えば、DVDプレイヤーを買う場合に、消費者はよく知らない外国企業のブランドの製品ではなく、多少高くても品質・性能のよいと思っているソニーの製品を購入するだろう。これは多くの消費者が、製品そのものでなく、ブランドにより高い価格を支払おうとしているということを表している。このようにブランド・イメージを高めることにより、企業は独

占力を得ることができるので，各企業は製品や企業のブランド・イメージを高めるために広告・宣伝活動を積極的に行う。その意味からも，強いブランドをいかにして創造し，ブランド・エクイティ（ブランド資産）を確立し，維持するかといったブランド戦略の重要性が高まっている。

第4節　囚人のジレンマって何だろう？

I　寡占企業

　一般に独占的競争下にあると考えられる産業においては，企業は小規模で多数あり，1つの企業の行動が市場全体に大きな影響を与えないと考えられる。それゆえ，各企業は自社の行動に対する相手企業の反応をそれほど考慮する必要はないとみられる。この点では完全競争と同じである。しかし，ごく少数の大企業で市場のほとんどの部分が占められているような寡占市場においては，たとえ製品差別化がなされているような場合でも，自社の行動が他社に大きな影響を与える。そこで相手もそれに反応することになる。そこで次には他社がどう対応してくるか考慮しなければならない。ライバル企業の対応によっては自社の価格設定や生産量の変更を余儀なくされる場合もある。また逆に他社の行動も，自社の行動に依存することになる。したがって，個々の企業は買い手の事情だけでなく，相手企業の反応も考慮に入れた意思決定をする必要があるために，相手企業は単なる競争者というよりは，互いに牽制し合うライバルとなる。

　このような少数の企業が産業のなかで競争している例は多数存在する。航空，自動車，鉄鋼をはじめ多くの例を上げることができよう。例えば，ホンダが新たなスタイルの新車を割安で発売した場合に，トヨタ，日産などの他の自動車メーカーが対抗して同様の新車を発売してくれば，ホンダは当初の期待ほどに売り上げを伸ばせないかもしれない。他社が同様な車を開発できなければ，ホンダの売り上げは急増することとなるが，その場合には，他社は既存モデルの大幅値下げで対抗するかもしれない。このように寡占市場においては，相手企業の行

動が市場での価格や販売量に大きな影響を及ぼす。それゆえに相手企業がいかなる行動を取るかを予想した上で,自社に最善の結果をもたらすような意思決定を行うことが必要となる。つまり企業間の「戦略的行動」が,寡占の主要な特徴となる。

2 囚人のジレンマ

このように競争者の利害が相反し,自社の行動が他社の利害に影響を及ぼす状態は,一種のゲームと捉えることができる。現在,経済学ではゲーム理論が注目されており,このような寡占企業間の相互依存関係の分析をはじめとして,経済学の多くの分野で利用されている。このゲーム理論のなかで,最もよく使われるのが,「囚人のジレンマ」である。

囚人のジレンマとは,次のようなものである。ある犯罪の共犯者として容疑がかけられている2人の容疑者A, Bがいるとする。この2人は別々の部屋に拘留されており,相談することができない。図6-4は,この犯罪が受ける刑罰の可能性を4つのケースに分けて示している。ここで捜査する側は,Aに対して「Aだけ自白すれば,Bを5年の懲役にする代わりに,Aは半年の懲役で済ませてあげよう」ともちかけ,Bにも同様のもちかけをしたとする。さらに「2人とも黙秘を通した場合は1年の懲役ですむが,ともに自白すると3年の懲役になる」とも伝えたとする。図6-4から,A, Bいずれか一方の刑罰を見れば,自分だけの自白,双方黙秘,双方自白,相手のみ自白の順で,刑罰は重くなっていくことがわかる。他方で,2人を合わせて考えるのなら,明らかに最善の選択は,両者とも黙秘して,1年の懲役ですますことである。しかし,2人の容疑者は相談ができないので,いずれも相手の出方を推測せざるをえない。その結果,相手が自白した場合の不利益を考えると,結局,両者とも自白に追いやられ,懲役3年となり,結果として損をすることになる。

図6-4 囚人のジレンマ

		容疑者B	
		自白	黙秘
容疑者A	自白	A 3年 B 3年	A 0.5年 B 5年
	黙秘	A 5年 B 0.5年	A 1年 B 1年

この囚人のジレンマのゲームは,寡占企業間の

行動にも簡単に応用できる。自白を価格競争,黙秘を価格協調と置き換えてみよう。例えば,自動車メーカーAとBは価格を高めに設定して,高い利潤を得ようと価格協調で合意していたとする。もしAは合意を守るが,ライバル企業Bはこれを裏切り価格を引き下げたとしたら,Aは売り上げのすべてを取られることになるが,Bを罰することはできないとする。そしてこのことは双方に当てはまることとする。その場合,A,Bいずれか1社の利益を見れば,自社だけ価格競争(値下げ),双方が価格協調,双方が価格競争,他社だけ価格競争(値下げ)の順で,利益が少なくなる。2社を合わせた最善の選択は,双方が価格協調の合意を守って値下げをしないことである。しかし,囚人のジレンマが示すように,両社とも相手の出方を推測しながら,結局は私利にしたがって,価格競争(値下げ)に走ることとなる。もちろん消費者にとっては,この双方が価格競争に走るケースが最も望ましい。競争の激化による価格の低下の利益は,消費者のものとなるからである。

　このような競争的寡占のケースで,特に製品差別化が十分に行われていないときには,わずかな値下げで市場の大部分を獲得できると予想される。大半の企業がこの予測に基づいて行動すると競争は激化していく。しかしながら,このような価格競争の激化は,利潤を減らし,適正利潤すら確保が困難な破滅的競争まで至りかねない。したがってこのような価格競争を避けようとして,企業は価格や産出量に関して企業と協定を企てようとする方向へと向かうことになろう。

3 協調的寡占

　寡占市場において,企業はライバル企業との相互依存関係を意識しながら行動している。相手企業の戦略を意識しながら,相手を出し抜く価格や産出量を選択しようとする。しかし,必ずしも競争的にばかりに行動するとは限らない。激しく競争するよりも,互いに協調的に行動したほうが利潤を高めることができる場合もある。囚人のジレンマが示すように,お互いに協調的な行動をとれれば,2人とも最善の結果を生み出すことができる。ライバルでもある他企業と

協調する事に成功すれば，まさしく独占企業にしか得られないような利潤を分け合うことができるのである。このように同一産業内で共謀して価格や産出量を調整することによって利益を追求することをカルテルという。公然とカルテル的な協調行動が取られた例としては，OPEC（石油輸出国機構）がある。石油危機の際に，OPEC諸国は集団で共謀して互いの産出量を協調的に制限することで，石油価格を引き上げ，加盟国の利潤を高めようとした。

　このカルテルを実現するには，互いに協定を守るように継続的に緊密に連絡を取り合う必要がある。しかし，このカルテルを維持することはかなり困難である。カルテルに属するメンバーにとって，カルテル破りのインセンティブが存在するからである。他のメンバーがカルテルを守って高価格を維持するときに，カルテル・メンバーを出し抜いて生産量を増やせば高利潤を得ることができる。実際に，OPECの石油カルテルのケースでも，割当量を超えて生産を拡大した産油国が続出した。カルテルを成功させるためには，共謀的取り決めをメンバーに実行させる必要がある。

　もちろん現実の寡占企業のカルテル行為については，囚人のジレンマのように1回きりの意思決定で終わりということはない。実際には複数の寡占企業が長期間にわたって継続的な相互依存関係を結んでいる。このような場合には，相手の報復を恐れて，一時的な裏切り行為はせずに，協調的行動を取ろうとする傾向が現れてくる。このような長期で継続的な協調行動が，結果としてカルテル，あるいはそれに類する活動を持続させることになる。

　ただし，独占禁止法により明白な共謀は禁止されている。そこで，実際には暗黙の相互了解の下に共謀がなされることとなる。これは激しい価格競争が避けられれば，寡占産業全体の利益が最大になるという相互了解の下に行われるものである。しかしこのような取り決め自体が違法であるので，この協調にかかわる問題を回避する必要がある。そのひとつの例が，実際に寡占産業でよくみられる同調値上げである。これはある企業がプライス・リーダーとなってまず値上げを先導し，短期間に他企業もこれに追随するというものである。例えば，これはビール産業において頻繁にみられる現象である。まずビール会社大手4

社のうちの1社が値上げをし,横並びですぐに他社も値上げを発表する。これら企業は,同じ市場環境変化（例えば酒税の変更など）に対応しているだけだと主張するので,共謀があっても立証することは難しい。

4 参入障壁

　比較的参入が容易である独占的競争市場は別としても,少数の大企業からなる寡占市場においても,カルテル等によって高い利潤が生じている場合,他の産業からの参入を招くことになる。新たな参入は既存企業の利潤を侵食することになる。そこで,既存企業は参入を阻止することで,そのような超過利潤が消滅してしまわないような戦略を模索することになる。

　参入を妨げる要因を参入障壁という。表6－1のように,寡占と独占では参入障壁が高い。代表的な参入障壁には,すでに説明した規模の経済性と自然独占,特許,製品差別化以外にも,必要投資額とサンク・コスト,資源の独占所有,情報格差,販売チャネルの確保,法的・行政的規制,そして企業の参入阻止戦略などがある。

　新たに参入しようとする企業にとっては,超過利潤が発生している産業に参入するに当たって,現在生じている利潤ではなく,参入後にどれだけの利潤が得られるかを計算する必要がある。それに対して既存企業は,もし新規参入すれば,そうした超過利潤が消滅してしまうと思わせるような戦略をとるであろう。そうすることにより,参入することが得策でないことを潜在的参入企業に信じ込ませること,これが参入阻止戦略である。

　価格に関するものには,略奪的価格設定,過剰生産設備の保有などがある。略奪的価格設定とは,新規参入者や競争相手を市場から追い出すことを目的として,損失を覚悟してまでも価格引下げを行い,相手が市場から退出した後にまた価格を引き上げるような価格戦略である。退出させた後は,略奪的価格設定を行った企業の独占となるか,残った企業間で価格協調がなされる状況となる。最近の例としては,格安運賃を売り物にスカイマーク・エアラインズが羽田―福岡線に就航した際に,日本航空,全日空,日本エアシステムの既存3社がこの路

線に絞って大幅に割引して対抗した件がある。またかつて大手総合スーパーが略奪的価格設定を行い,資産が少なくて長期間の赤字の累積に耐えられなかった中小小売店が廃業に追い込まれていった事例がある。また生産設備を過剰に遊休化しておくことにより,いつでもわずかな追加的労力で生産量を大幅に増加できる状態にしておくという戦略もある。つまりこのことにより熾烈な価格競争にいつでも挑む意思のあることを,新規参入者に示すこととなるのである。

価格以外の参入阻止戦略としては,多数のブランドを展開して,当該市場の製品空間を埋め尽くすブランド増殖戦略がある。これは潜在的参入者のニッチ市場へのポジショニングを阻み,入り込む余地をなくしてしまうものである。また流通チャネルに関して,流通系列化などで小売業者などの流通業者をコントロールし,新規参入者の販路を絶つ戦略などがある。既存企業はこのようなさまざまな戦略的行動によって,自己の属する産業の参入障壁を高くすることができるのである。

5 垂直的取引制限

寡占企業が,同じ産業内で競争を制限し,独占的利潤を得ようと共謀を企てることをカルテルと呼んだ。この場合の共謀は,同一産業内,すなわち水平的なものであった。しかし共謀により共同利潤を最大にするという考え方は,メーカー,卸売業者,小売業者という垂直的な取引関係でも可能である。この垂直的取引制限は,価格制限と非価格制限に分けられる。このうちの価格制限にあたる再販売価格維持行為は,メーカーが小売業者の再販売価格を規制し,小売段階の価格競争を抑制しようとするものである。同業者間の共謀をヨコのカルテルというのに対して,再販売価格維持はタテのカルテルと呼ばれる。

この再販価格維持行為において,メーカーは小売業者にいわゆる定価(表示価格)で販売することを要求する。この再販売価格維持行為は不公正な取引方法に該当し,適用除外の著作物(新聞,書籍・雑誌,音楽用CD)を除いて,独占禁止法違反にあたる。

垂直的取引制限の非価格制限行為には,テリトリー制,排他的取引制限などが

ある。テリトリー制は，生産者が卸売業者または小売業者に対して販売地域を限定するものである。例えばコカ・コーラは，特定のボトラー（瓶詰め業者）の販売区域を限定しているので，特定区域の小売店はこのボトラーからしかコカ・コーラを買うことができない。どの地域も1社しか販売できないので，ブランド内の競争はなく，ペプシなどとのブランド間競争しか働かないので，高い価格で販売できることとなる。こうしたテリトリー制は自動車販売や新聞販売にも見られる。排他的取引制限とは，生産者が自社製品のみを扱っている販売業者に，他社製品の販売を禁じるものである。専売店制ともいい，これはガソリンスタンドや牛乳販売などでみられる。いずれも市場競争を制約する取引慣行として，問題となることがある。

　日本においては，流通段階での価格競争激化により，自社製品の値崩れを防止するために，メーカーが流通系列化の手段として，さまざまな垂直的取引制限行為を用いている。このことは日本的な生産者主導の流通システムを形成していくうえで大きな役割を果たすこととなった。日本的流通システムは，競争制限的な行為が多く，複雑であり，日本市場の閉鎖性を象徴するものと考えられ，同時にこのような競争制限的な流通システムが，小売価格の高騰を招き，輸入品の国内価格上昇をもたらすものと批判されてきた。特に，日本の物価水準が先進諸国と比べてかなり高いという内外価格差の原因もここにあると指摘されてきた。また日本的な流通システム・取引慣行が外国企業にとって参入障壁となっており，これらの障害を取り除くことこそが日本の消費者の利益になると欧米諸国を中心に主張されている。それに対して，日本政府は独占禁止法の流通部門への適用を強化し，積極的に競争促進政策に取り組んでいる。

第7章　市場で解決できないとき必要な政府の役割とは何か

担当・安田武彦

キーワード＝環境問題, 外部不経済, 外部経済効果, ピグー税, 政府の役割, 直接規制, コースの定理, 公共財, 私的財, 共有財, クラブ財, 競合性, フリー・ライド, レモンの市場, 情報の非対称性, 逆選択

はじめに

　すでに述べたように完全競争市場での自由な取引は, 価格による需給の均衡を通じて, 資源配分の効率性を実現することができる。しかし, 競争が不完全な市場では資源配分の効率性は, 必ずしも実現できなかった。市場メカニズムがうまく機能せずに, 効率的な資源配分が達成されない状況を「市場の失敗」といい, その場合にはなんらかの公的な政策による調整が必要となる。
　市場の失敗は, 独占や寡占といった不完全競争の場合にも生じる。ただし, この場合は不完全競争下にある企業の行動が問題なのであり, 独占禁止政策などによりこれらの企業に完全競争的な行動を取らせることによって解決が可能となる問題である。ところが, 市場そのものが欠落して存在しないために, 望ましい資源配分を実現する市場メカニズムを利用できないという場合がある。これは, 本来の市場の失敗といわれるものであり, 外部効果の発生, 公共財, 将来の不確実性が代表的なケースである。以下で, こうした市場の失敗の内容を検討し, 効率的な資源配分を達成するために政府が果たすべき役割を明らかにしていく。

第1節　環境問題についてはどのように考えればいいか

1 外部効果

　外部効果とは、ある経済主体の活動が、市場を経由しないで、他の経済主体に直接または間接的に影響を及ぼすことである。この外部効果は、その受け手にとって悪影響を与えるものを外部不経済、好影響を及ぼすものを外部経済と呼ぶ。外部不経済の例としては、大気汚染、水質汚濁、騒音などの公害をあげることができる。工場の吐き出す煤煙や汚水は、地域の環境を悪化させ、地域住民に医療費や清掃代などの費用を発生させる。それは企業の生産費を上回る外部費用が発生していることを意味する。

　一方、外部経済のよく知られた例としては、養蜂業者と果樹園の関係があげられよう。両者は、いわば間接的に利益をあげることができる。そのほかにも隣人の花壇やクリスマス用のイルミネーションを楽しむ便益、鉄道会社と沿線の不動産業者との関係などをあげることができる。この外部経済は、消費者には効用の増加をもたらし、生産者には生産費の低下をもたらす。この外部不経済、外部経済ともに、私的費用と社会的費用との乖離、私的な便益と社会的な便益との乖離を発生させる。当事者が享受する便益または負担する費用以外に、余分な便益や費用が生じており、そのために市場の取引だけでは資源配分の効率性を達成することができない。

2 外部不経済と社会的最適

　いま、ある工場が生産の副産物として煤煙を大気中に大量に排出したために、深刻な大気汚染を引き起こし、そのために地域の住民が健康を害し、治療のために通院を余儀なくさせられているとしよう。図7-1には、この工場の生産する財の需要曲線 D_0 と供給曲線 S_0 が描かれている。ここでの供給曲線には、賃金や原材料費といった企業が本来負担すべき費用（私的費用）しか含まれておらず、

図7-1 外部不経済とピグー税

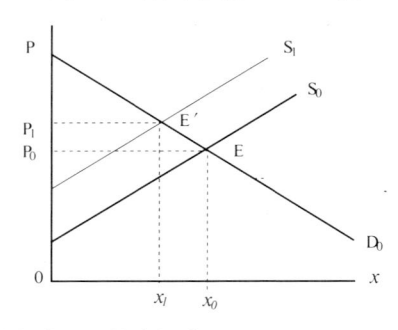

環境汚染による費用は入っていない。大気汚染が生じていなかったときには、この市場はE点で均衡し、価格はP_0、生産量はx_0である。しかし工場は外部不経済を引き起こしたために、汚染被害者の通院費という外部費用を生み出してしまった。この費用を含めると、社会全体からみた費用は、私的費用＋外部費用＝社会的費用となる。そこでこの社会的費用の観点から供給曲線を引き直すと、私的限界費用分だけS_1へと上方へシフトする。新たな供給曲線との均衡点はE′となる。価格はP_1に上昇し、生産量はx_1へと減少する。その結果、この工場の財の生産量を減少させることにより、公害を抑制し、x_0での生産に比べて全体的な経済的厚生を増大させることになる。

しかし、市場には生産者に外部費用を負担させるメカニズムは存在しない。生産者は外部費用を考慮に入れないために、社会的な最適水準以上の財が競争均衡において生産される結果となってしまう。これを避けるには外部費用の内部化、つまり外部費用を私的費用に含ませて、私的費用と社会的費用の一致をはからねばならない。そのひとつの方法が、政府による課税である。汚染税として、生産量に対して単位あたりの外部限界費用をこの工場に課すことである。それによって、供給曲線をこの外部限界費用だけ上方にシフトさせることができ、均衡点E′で、x_1の生産量を実現することができる。外部効果によって生じる市場の失敗を是正するために導入される税を、提唱者である経済学者アーサー・ピグーにちなんでピグー税と呼ぶ。

3 外部経済と社会的最適

多くの市場では、公害問題などの外部不経済により、生産の社会的費用が私的費用を上回る。しかし外部経済効果によって、近隣の人に便益をもたらし、生産

の社会的費用が私的費用を下回る市場も存在する。現在，最も関心の高い問題は，環境である。環境に優しい製品が関心を集めており，企業はそうした製品開発を競っている。たとえば，環境にやさしい洗剤を使うことによって，湖沼や河川の水質悪化を防ぐことができる。環境が悪化してしまい悪臭を放つようになってしまった湖沼や河川の水質改善は難しく，またかなりの費用を要する。そのような環境汚染を未然に防ぐことができれば，周辺に住む住民は健康で快適な生活を送ることができるし，漁業に従事する漁家にも悪影響を及ぼすことがなくなる。

図7-2には，環境にやさしい洗剤を発売する企業の製品に対する需要曲線 D_0 と供給曲線 S_0 が描かれている。この製品の市場での均衡点はEであり，均衡価格は P_0，生産量は x_0 である。ここで，この製品が普及すれば，水質改善ができ，環境悪化が防げることは明白である。つまりこの製品は社会的にプラスの外部効果をもつ財である。

しかし消費者は環境に対する意識は強いが，実際に購買行動となって現れるとはかぎらない。なぜなら，環境にやさしいとされる製品は，費用がかかることから既存の製品より割高なことが多いからである。このような場合に，この外部効果を内部化するにはどうしたらよいのであろうか。そのひとつの方法は，政府による補助金である。政府はこの洗剤1単位の生産につき，補助金をこの企業に支払うのであれば，供給曲線はその補助金分だけ下方にシフトすることになる。新たな供給曲線 S_1 との均衡点はFとなり，価格は P_1，生産量は x_1 となる。このシフトにより価格が低下して多くの消費者が購入するようになり，この洗剤の均衡生産量は増加する。政府の助成策によって，環境にやさしい洗剤の生産・販売量が増加することとなり，環境が改善され，全体的な経済的厚生が増加すること

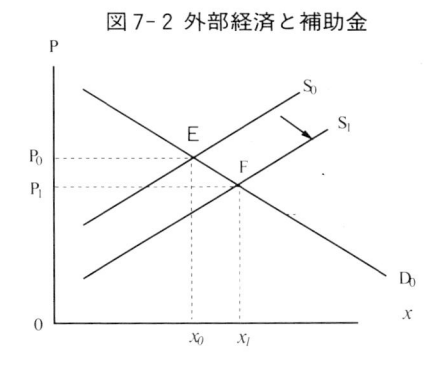

図7-2 外部経済と補助金

になる。

4 外部効果と政府の役割

　外部性の存在により市場における資源配分が効率的とならないときに，政府は主として2つの政策によって対応する。その1つは，課税と補助金による外部性の内部化である。外部不経済を内部化する課税をピグー税と呼ぶが，そのメカニズムはすでに述べたとおりである。もう1つの方法は，直接規制による外部不経済の改善である。

　具体的な例としては，水質汚濁の原因となった有リン合成洗剤の生産・販売がある。この洗剤は環境への影響が大きいために，生産を自粛すべきであるということについて，各社とも趣旨としては賛成であったが，割安な有リン合成洗剤を消費者が求めているという企業もあって，利害関係が一致せず，具体的に中止するという業界での自主規制は困難となっていた。結局，琵琶湖への影響が大きい滋賀県が条例を制定して有リン洗剤の販売と使用を禁止することとなった。そのほかでも排ガス規制のように汚染の発生量を直接制限している場合もあるし，また自動車が有毒な二酸化硫黄を大気中に排出しないように，煤煙から硫黄を除去する脱硫装置の設置を義務づける場合もある。

　このように直接的に行動を規制する手法は，指導・監督政策と呼ばれている。政府はたいていの場合に，自らの指導・監督能力に自信をもっており，より望ましい状態を実現できると思っているので，規制を好む傾向にある。しかし，規制のためのルールを設定して実行させるためには，政策担当者が汚染発生に関する詳細な科学的データと社会的費用にかんする情報を正確に知っておかねばならない。政策担当者がこうした情報を得るには，多大な労力を必要とするので，これはかなり困難なことでもある。

第2節　外部効果の解決には費用がかかる

　外部効果があると市場だけでは資源が効率的に配分できないが，政府による

調整策がとられると対応が可能であることを説明してきた。しかし，状況によっては当事者間での解決も可能である。もし民間の当事者同士が，資源の配分について交渉で解決できるならば，外部性の問題は民間市場でも解決できることとなる。その場合に，どちらに所有権や営業権などの権利があるのかさえ明らかであれば，どちらにその権利があろうとも当事者間の交渉によって効率的な資源配分が可能になると考えられる。これは経済学者ロナルド・コースにちなんで，コースの定理として知られているものである。これがどのように機能するのかをみていくために，隣人との間の騒音，悪臭，日照権などをめぐるトラブルの解決という問題を考えてみよう。

　いまAさんは自宅を改装して飲食店，たとえば焼肉店を営んでいたとしよう。隣に住むBさんは，やはり自宅でカルチャースクールを経営している。とくに奥さんの教える茶道コースは人気を博しており，夫婦合わせて年1000万円の収入があった。しかし焼肉店の出す煙と臭いのために，茶道教室は開けなくなり，年500万円の被害を受けていたとする。この問題を解決する方法の1つは，Aさんが自分のお店に200万円する防臭装置を設置することである。まず，この地域が住宅地であり，Bさんにカルチャースクールを営業する優先権が与えられていたとしよう。この場合は，悪臭によるBさんの損害は，全額Aさんが補償しなければならない。防臭装置を設置しなかった場合には，Bさんに毎年500万円支払わねばならないが，防臭装置を設置すれば200万円の1回だけの出費ですむので，Aさんは設置するほうを選択するはずである。今度は逆に，この地域が商店街にあり，Aさんに営業の優先権があったとしよう。その場合には，Bさんは損失分の年500万円分を失ってしまうことになる。それゆえにBさんはその500万円以内なら，お金を支払ってでも防臭装置を設置してもらったほうがいいと思うであろう。Aさんは200万円で防臭装置を設置し，あまったお金で店内の改修もできるので，この提案を受け入れるであろう。したがって，どちらに権利があろうとも，防臭装置が設置されることになるのである。

　しかし，そのような合意に達するために当事者の交渉をめぐる費用が無視できないほどの大きさとなれば，問題を自ら解決することはできなくなる。例え

ば焼肉屋の店主が外国人であれば，通訳を雇う費用が生じるし，契約のために弁護士を雇う必要も生じる。またこのBさんが集合住宅に住んでいれば，他の住人も同じような被害を受けており，交渉には当事者間の調整のために多くの時間と労力が必要となってくる。このような費用を取引費用と呼び，この存在が外部効果の問題の解決を難しくするといえる。

第3節　公共財はなぜタダなのか

1　公共財とは何か

　経済におけるさまざまな財は，排除性の有無と，競合性の有無という2つの特徴から分類できる。排除性とは，お金を支払わない人や契約していない人を財やサービスの使用から排除することができるかということであり，財の競合性とは，その財をある人が使用したとすると，他の人は使えなくなるということである。この2つの特徴から，図7-3のように，財を4つのカテゴリーに分類することができる。
　排除性も競合性もあるカテゴリーであり，一般に私たちが市場で売買する財のほとんどがこれに当てはまる。例えば，ミカンはある人が食べてしまえば他の人は食べられないので，競合的である。また他の人にミカンを渡さなければ食べられないので，排除性もある。これには多くのものがある。混雑した有料道路は私的財となる。
　排除性も競合性もないカテゴリーであり，公共財がこれに当てはまる。例えば，国防，警察，灯台，消防，公園，混雑していない一般道路などは公共財であり，財・サービスの使用に対価を支払わなくても，その財・サービスの使用から排除されることはない。また，その財・サービスを利用したとしても，他の人々が利用する量が減ることもない。

図7-3　財の分類

		競合性	
		あり	なし
排除性	あり	私的財	クラブ財
	なし	共有財	公共財

競合性はあるが，排除性がないカテゴリーには，共有財が当てはまる。例えば，海にいる魚は，ある人が釣れば他の人は釣れなくなる。しかし釣り人を海から排除することはできない。そのほかにもきれいな水や空気といった環境，混雑した一般道路をあげることができる。

　競合性はないが，排除可能であるカテゴリーには，クラブ財が当てはまる。例としては，学校のクラブやフィットネスクラブ，ケーブルテレビ，混雑してない有料道路などがあげられる。

　この4つの分類からわかるように，公共財は非競合性と非排除性という特徴をもつ財である。消費の非競合性とは，誰でも共通して利用できる灯台や一般道路のように，ある人の消費が増加しても他の人の消費を減らすことがない状態をいう。私的財の場合には，例えばある人がミカンを1個食べてしまうと，その分だけ他の人が食べるミカンの数量は減少する。しかし，灯台の場合には，航行する船舶はすべて，灯台から同じ灯光のサービスを受けることができる。ある船舶が灯台からサービスを受けることによって，他の船舶が利用できるサービスの量が減ることはない。つまり，そこには混雑性はないといえる。

　非排除性とは，財やサービスに対して対価を支払わないという理由で，その人をその財やサービスの消費から排除することが不可能であるということをいう。例えば，灯台はその利益に見合う料金を支払わなくとも誰でも利用できる。また，もし支払わない船舶を排除しようとしても，海域はかなり広く，船舶も多いので，莫大な費用がかかってしまう。つまり，非競合性と非排除性という特徴をもつ公共財は，対価を支払うか否かに関係なく，同時に多くの人々に等しく消費されるという性質をもつといえる。

　この公共財に関する誤解の1つに，公共部門から供給される財・サービスが公共財であるというものがある。説明してきたように，公共財は非競合性と非排除性をもつ財・サービスのことであり，公共部門で提供されるものとは一致しない。例えば，公営地下鉄や高速道路は地方自治体などの公共部門で運営されているが，これらには料金所や改札があり，排除可能である。この場合には，これらは私的財やクラブ財ということになる。

2 公共財の最適供給

公共財が存在するときに，その最適な供給量はどのようにして決定されるのであろうか。いま，図7-4のように，公共財，例えば一般道路の供給曲線をS，消費者A，Bの需要曲線をそれぞれD_1，D_2としよう。横軸には道路の規模，縦軸には道路規模の大きさに対して支払ってもよいと考える金額がとってある。私的財の場合には，それぞれの消費者の需要を水平方向（横）に足し合わせることで，市場全体の社会的需要曲線を求めた。しかし，公共財は非排除性の性質をもつので，Aが利用する道路はBも利用できることになる。この場合には，市場全体の需要曲線は，各人の需要曲線を垂直方向（縦）に足し合わせること（垂直和）で求められる。つまり図では，$D = D_1 + D_2$ となる。社会的に最適な需給の均衡点はEで，適正供給量（規模）はx_0となり，総費用はP_0となる。

もし，この公共財が市場の価格メカニズムによって供給されるのならば，AからP_1，BからP_2の費用を徴収すればよいことになる。この需要曲線は，各人の公共財に対する本当の選好を示すと仮定した場合の擬似的な需要曲線である。もし費用を負担させられるとわかれば，どちらも公共財への選好を過少に申告することとなるだろう。つまり各個人の需要曲線について正確な情報を得るのはきわめて困難である。また公共財の場合には，非排除性の性質があるので，料金を支払わなくても利用から排除されないし，等しく利用できるので，他の人々に費用負担させ，自分は無料で利用することが可能となる。このような行為をただ乗り（フリー・ライド）という。すべての個人がフリー・ライダーになると，公共財を供給しても収入は期待できないので，財を供給しようという私企業は現れないだろう。つまり，公共財の最適量の決定やその費用負担の問題は，市場では解決できない問題となる。それゆ

図7-4 公共財の最適供給

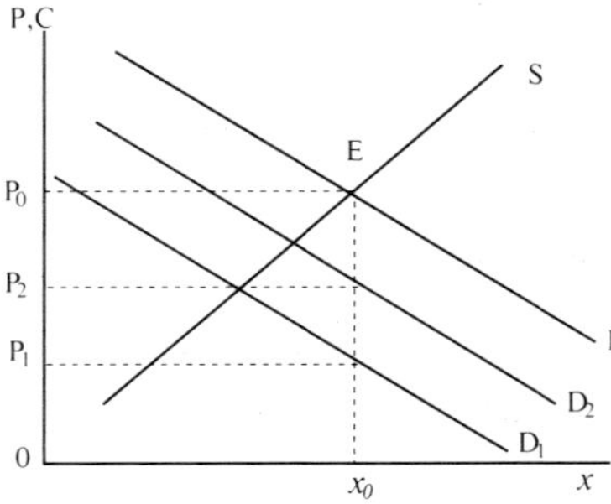

えに，公共財は政府によって，すべての個人に対して供給され，費用は租税によって賄われることになる。

第4節 「レモンの市場」とは何だろうか

　完全競争の市場では，消費者は市場で購入する財やサービスの価格や品質について十分な知識をもっているものとされた。しかし現実には，売り手である企業は財やサービスに関して十分な情報をもっているが，買い手の消費者は十分な知識をもっていない場合が多い。このように買い手が売り手ほどに情報をもっておらず，情報が偏在しているとき，その市場では「情報の非対称性」が存在するという。このような情報の非対称性があると，消費者は質の悪いものをつかまされる場合もある。この場合の質の悪いものを「レモン」という。このレモンという用語には，見掛けはいいが中身は腐っているものという意味がある。

　このレモン市場の問題を，中古車市場を例に説明してみよう。中古車市場では，売り手と買い手のあいだに自動車の品質について大きな情報格差が存在している。中古車では，たとえ同一車種で年式が同じとしても，所有者がどれほど丁寧に自分の車を取り扱ってきたかで，エンジンの状態などの品質にばらつきが生じる。売り手はこれまで乗ってきた車なので，車の状態についてよく知っているが，これは買い手にはわからないものである。そこで買い手は中古車の価格でその品質を判断しようとするかもしれない。通常，価格が高い方が品質はよいといえる。しかし，高い価格の車にもレモンが紛れ込んでいる可能性がある。そうしたことが日常的に生じると，価格が高くても評価しなくなる。結局，消費者はレモンをつかまされるリスクを最小限にとどめるために，平均的な価格しか払おうとはしなくなる。それによって，レモンの売り手は価値以上の利益を得るが，レモンでない車の所有者は価値より低い利益しか得ることはできなくなる。このようにして価格が下落してくると，質の良い車の所有者は車を市場に出さなくなり，さらに消費者の疑念は高まることとなる。その結果と

して，市場には質の悪い車しか残らなくなり，質の良い中古車を売る市場は消滅する。これが情報の不完全性によって生じる市場の失敗である。このような情報の非対称性が存在し，質の悪い商品が出回ることで質のよい商品の取引が阻害されて，結果として質の悪い商品が氾濫することを，逆選択という。

　このように品質に関する情報が不完全なままで市場取引が行われることは少なくない。医者や弁護士を選ぶ場合にも，能力に関して完全な情報を得ることはできないし，社債や株式を購入する際も，企業に関して十分な情報を得ることは難しい。ただし，このような状況を改善するための努力もなされている。中古車市場では中古車ディーラーが間に入って品質の保証を行っているし，金融市場ではムーディーズやスタンダード・アンド・プアーズなどの格付け機関が活躍するなど，第三者による情報提供が行われている。

第8章　マクロ経済学とその課題は何だろうか

担当・太田辰幸

キーワード＝マクロ経済変数, GDP, 経済成長率, インフレ率, 失業率, 名目と実質, デフレーター, 長期分析と短期分析, 静態分析と動態分析, ケインズ・モデル

はじめに

　日本には人口約1億2000万人の消費者が消費生活を営み, 約4400万の家庭が家計を営み, 650万以上（法人事業所約300万, 個人事業所350万）の民間企業が企業活動し, それぞれが経済原則に則って行動している（2002年現在）。経済原則とは, 消費者は消費者行動の理論にしたがって最大の満足（経済学では効用という）の充足を図ろうとし, 家計は家族全員の満足の極大化をはかるように行動し, 企業は生産者行動の理論にしたがって利潤の極大化を求めて生産を行う。それぞれの経済行動を扱うのが微視的経済分析のミクロ経済学である。これら3者とも一定の所得（消費者と家計にとって）, また一定の経営資源（企業にとって）という制約条件のもとでの満足や利潤の最大化という点では共通している。

　これら経済活動を行っている個々の消費者, 家計, 企業は経済主体と呼ばれるが, それぞれの活動を合計（経済学では集計〈アグリゲート aggregate〉という）した国全体の経済活動を扱うのが巨視的経済分析のマクロ経済学である。したがってマクロ経済学はミクロ経済学の基盤の上に築かれているともいえる。しかし多数の家計と企業の間や企業相互間には無数の取引があり, その依存関係や相互作用から経済全体としてさまざまな経済現象を生み出しているから単純にマクロ経済学はミクロ分析の集合体とはいえない。

　「木を見て, 森を見ない」という言葉がある。いわば森を構成する個々の木を細かく分析するのがミクロ経済学であるが, 同時に細部の一本ずつの木にとら

われないで森全体を見る見方(マクロ経済学)も必要とされる。「森全体だけを見て木は見ない」という見方は,「個々の木にとらわれて森全体を見ない」見方と同じように危険であり,本質を見誤ることになる。両方の見方を学び,バランスのとれた視点を身に付けることが求められる。

第1節　マクロ経済学とは？

　長期的にみれば,技術が進歩し,生産力が高まり,経済規模は次第に拡大しており,以前に比べて所得が増加し,生活水準が飛躍的に豊かになった。しかし,なかには経済が停滞し,あまり発展していない国もある。成長を遂げた国においても1990年代のわが国のように短期的には経済は不況や景気後退に見舞われ,所得が下落し,経済成長は頓挫し,失業が増えることは珍しくない。また一方では物価が高騰し,インフレになり,経済秩序が混乱し,経済活動を麻痺させ,大きな社会不安を引き起こすこともある。なぜこのようなことが現実に起こるのであろうか。それを防ぐにはどうすればよいのであろうか。景気の回復をはかり,物価を安定させ,失業率を引き下げ,あるいは経済を成長させ,所得を引き上げるために政府としてどのような政策を実施すればよいだろうか。このような問題を扱うのがマクロ経済学である。

　すなわち,国全体の経済の仕組みがどうなっているか,また経済がどのように機能しているかを分析し,経済活動の安定化を図り,経済の成長を実現していくことを目的とするものであるといえよう。したがってマクロ経済学は国全体の産出高,所得,雇用,消費,貯蓄,投資,利子率,物価などのマクロ変数の総体的な水準に注目し,その動きや変数間の相互作用,時間の経過に伴う変化の結果としての経済変動を取り扱う。国際取引を考える際には輸出,輸入などの貿易,資本移動,為替レートの動きを見て理解する。

　マクロ経済分析はケインズ(1883～1946)の『雇用・利子および貨幣に関する一般理論』(1936)によってその基礎が築かれた。1930年代初期の世界的不況を体験したケインズが「不況克服のための経済学」としてこの本を著したこと

により，その総需要管理の経済政策が戦後の世界経済の安定化と成長に大きく貢献したことは高く評価される。

第2節　マクロ経済学では何が課題となるのであろうか？

　前節で述べたようにマクロ経済学においては，経済の安定化は基本的に成長の達成，雇用の安定，物価の安定をはかることによって実現される。このほか外国との関係を考えるときには国際収支の安定が考慮される。国全体の経済活動の結果，これらの目標がどれだけ達成されたかどうかは，マクロ経済変数のデータによって測定される。この場合とくに重要なデータは，実質産出高（実質GDP），失業率，および物価上昇率（インフレ率）の3変数である（表8-1参照）。これらのデータが現在どのような水準にあるか，過去から現在までどの程度増加したか，あるいは減少したか，長期的な変化，短期的な変化をみて経済活動の成果が測定され，経済がどのような状態にあるか判断される。その判断に基いて経済政策が立案され，実施される。不況のときは失業率が高く，販売高が減少し，所得の伸びは低く，したがって経済成長率も低くなる。このようなときには通常，物価上昇率も低い。逆に好況のときには成長率が高く，失業率は低くなるが，一般に物価上昇率は高くなる。

表8-1　わが国経済の基本データ　　　　　　　　　単位：%

	1985（バブル前）	1989（バブル期）	2004
実質経済成長率	4.6	5.2	1.7
消費者物価の上昇率	2.4	2.7	−0.2
完全失業率	2.6	2.3	4.6

出所：『日本経済新聞』2003年1月1日および2006年2月27日。

1　真の産出高を求めるには：実質産出高

　一国の生産活動の結果，生産額の総計として総産出高ないし総生産高が生み出される。これは国内総生産（GDP）と呼ばれる。経済成長率は実質産出高の

増加によって測定される。実質産出高とは，物価の上昇分を取り除いた，実質の産出高をさす。一般に発表される国内総生産の数字は名目表示のGDPであることが多い。この物価の変化分を含んだ国内総生産は名目GDPといい，これは国内で生産された財・サービスの市場価格（貨幣価値と同じ）の合計である。長らく国民総生産（GNP）が経済活動の規模を表す指標として一般に用いられていた。しかし経済の国際化によって海外からの要素所得の受け取りや支払いが増加したことから，これらネット（正味）の受取りを含むGNPと厳密に区別するため，国内だけの総産出高を把握するためにわが国では1993年からGDPが用いるようになった（アメリカでは1991年から用いている）。

　すなわち，GNPとGDPの違いは，

　　GNP＝GDP＋（海外からの純要素所得）

によって示される。

　通常発表されるGDPのデータは名目GDPであり，これは物価の変化分を調整していないデータである。名目のGDP統計は物価上昇（物価低下）による産出高の増加（減少）を含んでいるから異なった年のGDPを比較するためには物価の上昇分あるいは低下分を調整しなければ実質的にGDPがどれだけ増加したか，減少したかは判断できない。生産が実際に増えていないのに物価だけ上昇すれば，名目GDPは増加したことになるからである。たとえば名目GDPが対前年比で2%増加し，物価水準も2%上昇したならば実質GDPは前年と同じ水準にとどまっている。

　この実質GDPを求めるには名目GDPを物価水準で割ることによって得られる。すなわち，

　　　実質GDP＝名目GDP／物価水準指数

　この場合の物価水準は基準年（＝100）からみた比較年の物価指数であり，これはGDPデフレーターとよばれる。この場合の物価指数には輸出，輸入などマクロの変数の価格指数が含まれる。なお，これは価格水準の尺度としてよく用いられる消費者物価指数とは区別される。消費者物価指数は平均的な消費者（給与労働者）の購入する日常的な財・サービスの価格を集約して算出されるもの

第2節 マクロ経済学では何が課題となるのであろうか？

である。

経済成長率は実質のGDPの変化率として求められる。すなわち1年間の成長率は前年から当該年までどれだけ変化したか，次の式によって算出される。

実質GDPの経済成長率＝（当該年のGDP-前年のGDP）／前年のGDP×100

なお，上式のGDPはすべて実質価格表示である。

不況下のわが国の1999年から2001年までの国内総生産（GDP）と成長率は表8-2によって示される。経済成長の結果，わが国の1人当たり所得は戦後急激に伸びた（図8-1）。

表8-2 日本のGDPと成長率　単位：兆円（％）

	1999		2004	
		成長率		成長率
名目GDP	510.7	(-0.7)	496.2	(0.5)
実質GDP	524.0	(1.0)	526.4	(1.7)

注：基準年＝1995年。
出所：『日本経済新聞』2002年12月30日および2006年2月27日。

図8-1 日本の1人当たり国民所得の推移　1995年＝100

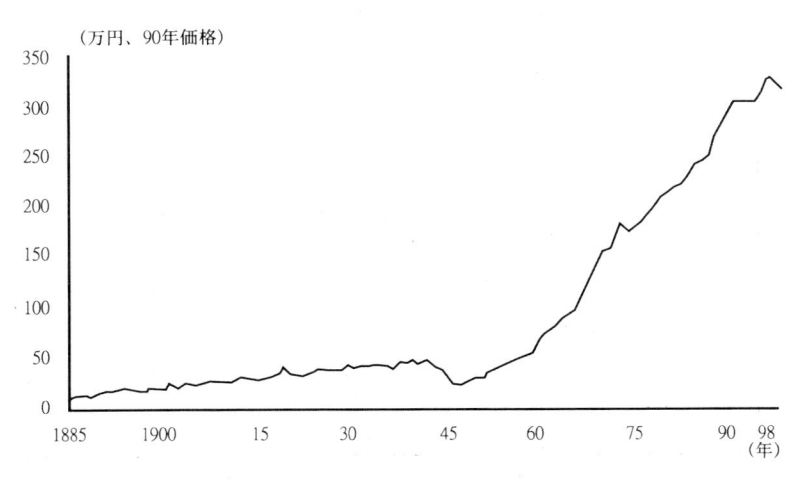

注：①1955年でリンクして，90年価格としている。②実質国民所得＝名目国民所得／GNPデフレーター。
出所：『経済白書』2000年版

2 失業

　一国の政府にとって雇用の安定は政策の優先課題である。失業者の増加は重大な社会問題となり，政権の支持を失うことにもなりかねないため，政府はできるかぎり失業率を引き下げ，完全雇用の実現に向けて経済政策を実施する。

　不況期においては総需要が減退するから生産設備の稼働率が低下し，生産が減少し，失業が増え，逆に好況期には総需要の拡大によって生産設備の稼働率が上昇し，雇用が拡大し，失業は減少する。失業は生産資源としての労働が十分に使われていないことであり，潜在的な生産力が十分に利用されていないことになる。したがって失業は社会全体の重大な生産的資源の浪費といえる。

　失業率が上昇してくると，実質 GDP の増加率，すなわち成長率が下がる。労働市場が逼迫し，求職者が増え，賃金上昇率も低下する。失業は個人にとっての悲劇のみならず，資源の低利用となるから社会にとっても大きな損失となる。失業率の上昇は総需要の減少をもたらし，経済活動を停滞させ，経済規模は縮小し，景気をさらに悪化させ，物価を引下げ，多大な社会的コストをもたらすこと

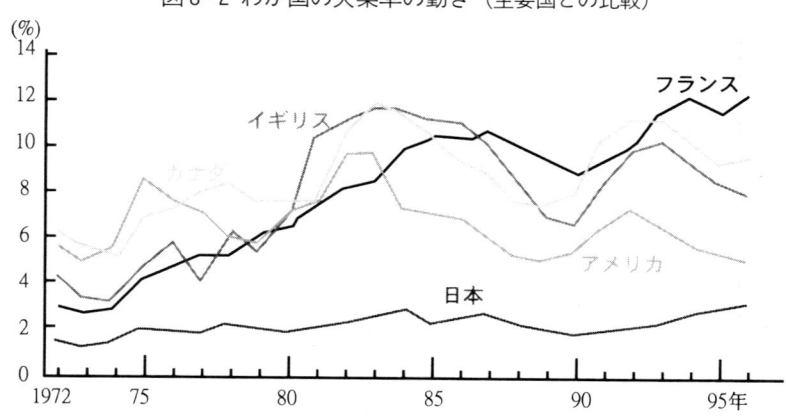

図8-2 わが国の失業率の動き（主要国との比較）

出所：「アメリカ大統領経済報告」1998

になりかねない。このため失業の増加からもたらされるコストを防ぐため失業保険制度などさまざまなセーフティ・ネット（社会的安全網）が設けられている。

一方，好況期には国全体の潜在的な生産力の利用が高まり，生産が拡大し，経済成長率が上昇しはじめ，失業は減少する（オークンの法則）。賃金上昇率は上昇し，物価上昇率も引き上げられ

図8-3　失業率と有効求人倍率

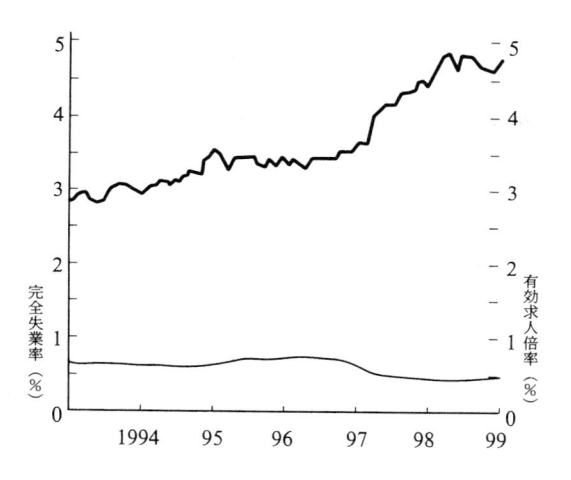

出所：総務省『日本の統計2001』

る。わが国では，失業率は15歳以上の労働力人口（＝就業者＋失業者）のうち，就業する意思と能力がありながら一定期間仕事がない人口の割合（失業率＝〔失業者／労働力人口〕×100）を算出して求められる。

3　物価上昇率（インフレ率）

物価上昇率は多くの財やサービスの価格が上昇することであり，ただ1つの財価格が上昇することではない。適度な，ないしは低い物価上昇率であれば経済にとって大きな問題にならないが，物価が高騰することがあれば，大変な経済麻痺，崩壊を招くことになる。

政府は，経済を安定させるためには物価の動向を正確に把握し，適切な経済政策を実施する必要がある。物価があまりにも急速に上昇するとき（インフレーションと呼ぶ）には，マネー・サプライ（貨幣供給量）を管理するなどタイミングよくインフレ対策をとらなければならない。物価の変動は成長率，賃金をは

図8-4 わが国の消費者物価指数の動き

出所：総務省『日本の統計2001』

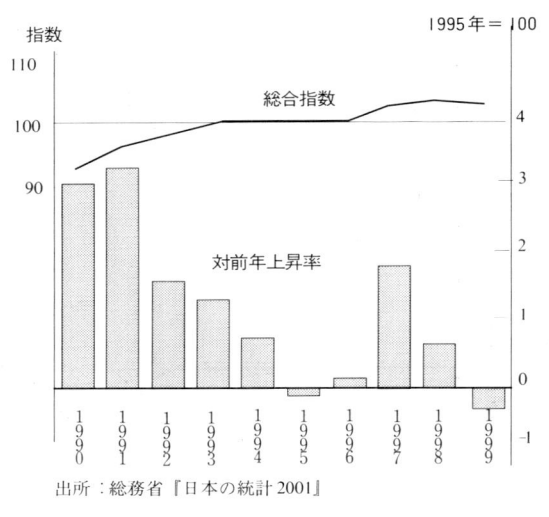

じめすべての経済変数に影響を与える重要な要因であるから，各国政府はその動きをつねに注視し，統計をとっている。たとえばかりに経済成長率が5%であったとしてもインフレ率が5%に達すれば，実質の成長率は（5-5）＝0%である。また賃金が4%上昇しても，物価が5%上昇すれば実質賃金は（4-5）＝-1%となり，真の購買力は目減りすることになる。

物価水準の変動を表す指標としてよく使われるものは消費者物価指数（Consumer Price Index ＝ CPI）である。この指数は，わが国では平均的な労働者家計が購入する数百の財とサービスの価格データを内閣府が定期的に集め，それらを加重平均して算出されている。このように求められた基準年の消費者物価指数を100として比較年の物価水準が計算され，これによって基準年からみた物価の動きが分かる。

名目表示の数値を適当な物価指数で修正することをデフレートするといい，その場合に用いられる物価指数をデフレーター（deflator）と呼ぶ。わが国では消費者物価指数と前述のGDPデフレーターはきわめて似通った変動を示しているが，それぞれの指数の算出方法が異なっている。両者の間の主な相違は次の2つである。第1に，消費者物価指数は平均的消費者（労働者）によって購入された財・サービスのみを対象としているのに対して，GDPデフレーターは生産されたすべての財・サービスの価格を対象とする。第2に，GDPデフレーターは国内

で生産された財のみを対象としていることである。

　長期的(数十年間以上)にみれば,どの国においても物価は上昇してきた。物価の変動率は期間によってその上昇率が大幅な場合や小幅なときがある。第1次大戦後のドイツのハイパー・インフレといわれる天井知らずのインフレはよく知られ,わが国においても第2次大戦直後大インフレを経験した。しかし短期的にみれば,物価水準は下落することもある。近年のわが国のインフレ率は非常に低くなっており,下落を示している年もみられる。

　物価水準が下落し続けることをデフレーション(deflation)またはデフレという。不況期には物価上昇は鈍化し,あるいは下落することがしばしばみられる。バブル崩壊後のわが国経済の停滞によって物価上昇はきわめて緩慢であり,経済の空洞化現象とも相俟って価格破壊といわれる現象が起こり,物価の下落した年もある。

第3節　マクロ経済現象の分析には どのような方法があるのだろうか

1　長期分析と短期分析

　現実の経済は生き物であり,時間の経過とともに変化する。数カ月とか1年以内の短期であれば,生産量もあまり変化せず,価格や利子率もほとんど変化せず,経済の変動も少ないが,期間が1年を超え,さらに数カ年,10年以上と長くなるにつれて生産にしろ,需要や価格にしろ,その変動幅は次第に大きくなっていく。一般に経済学は価格を中心にして理論が組立てられているため,価格の動きに注目して経済現象を分析する。

　価格が変化しない,すなわち,価格が硬直的と仮定して経済モデルを考えるのが短期分析であり,短期の経済現象を説明する場合に用いられる。短期分析では通常,賃金も硬直的と仮定している。

一方，価格は変動する，つまり価格や賃金が伸縮的と仮定して経済現象を考えるのが長期分析である。このように経済分析には短期分析と長期分析の2つの方法がある。

短期分析においては，諸価格は硬直的である。このためにたとえば，総供給曲線は水平となるから，総需要の変化が産出高を左右させることになる。これが長期分析になると，価格は伸縮的であるから総供給曲線は垂直になるために総需要の変化は物価水準のみに影響を与えることになる。なお，古典派モデルでは価格は伸縮的とみなして経済現象を説明している。短期分析では経済現象は短期的には価格は変動しないとして分析するのであるが，短期的現象も時間が経過すれば，異なる経済状態に移行する。古典派モデルでは変動の結果，長期的には経済の均衡水準に達すると考える。均衡とは，労働が完全雇用状態にあるとか資本などの生産要素がすべて利用されている状態をさす。

2 動態分析と静態分析

経済現象を理解するには，時間が経過すれば経済がどのように変化するか，その動いていく状態とその結果を捉えることが必要である。それには経済の構造，仕組みを把握しておかなければならない。時間の経過によって変化していく経済状態は動態（動学ともいう）分析（Dynamic analysis）によって扱われ，静止した経済状態において構造や仕組みを分析する方法が静態（静学ともいう）分析（Static analysis）である。あたかも医学において前者が生理学的分析に，後者は解剖学的分析に類似しているかのごとくであり，この両者の方法を学んではじめて生物としての人体が理解できる。経済現象を分析するにも動態分析法と静態分析法の2つの見方を身につけておくことが求められる。

3 フローとストック

経済現象を考えるとき，各種の経済データにもとづいて分析することからはじめる。データをみるときに注意しなければならないことは，データにはフロー（flow）とストック（stock）の2つの種類があることであり，両者は区別す

る必要がある。

たとえば，毎月の収入が多い人と少ない人を比べるとき，収入が多い方が豊かであると考えがちである。しかし，収入が多い人が少ない人に比べて豊かであるとはかぎらず，収入が少ないからといって必ずしも貧しいわけではない。かりに収入が少なくても十分な預貯金や親から相続した株などの財産があれば豊かな生活をおくることができるからである。この場合，毎月の収入はフローの変数であり，財産や貯蓄はストックの変数であるという。

経済学におけるフローの概念とは，フローという英語は「流れ」「流量」という意味があるように，経済活動が継続的に行われる（流れる）結果や成果を一定の期間（1カ月，四半期，1年間など）についてデータで表したものをさす。フローの変数の例として，たとえばGDP，消費支出，投資支出，貿易収支，政府支出，さらには国民所得，給与などがあげられる。これはちょうど，1カ月とか1年間にダムの中に流入している水量がフローであるというごとくである。

これに対してストックの概念とは，ストックに「蓄積」「貯量」の意味があるように一時点における累積量，存在量を表すときに用いられる。ストック変数の例として，資本ストック，富，債務額，対外資産残高，マネーサプライ，国債発行残高，株式などがあげられる。なお，資本ストックとは，特定時点において存在する機械，工場，生産設備などをさす。投資支出はフローであるが，前期の資本ストックに投資された分が資本ストックの増加になることから，資本ストックの増加分ないし，資本ストックの変化分がフローとしての投資となる。

4　古典派モデルとケインズ・モデル

経済モデルとは，経済学者が経済現象を分析する場合，経済諸変数の間の関係をいくつかの数式によって表したものである。

経済現象をどのように捉えるか，その仕組みやそれがどのように機能しているか，その見方とその処方箋は古典派理論とケインズ理論とでは大いに異なる。したがってそれぞれの理論のモデルも異なってくる。しかし両者の間には共通点がないわけではない。

古典派経済学は世界大恐慌まで妥当性を備えていた。一般に古典派理論とはアダム・スミスを出発点とする自由主義経済学者によって唱えられてきた市場の価格調整機能を重視する理論である。この理論によれば，長期的に①供給はいずれみずからの需要を作り出す（セイの法則），②価格の伸縮的な動きによって自動的に生産要素が配分され，利用される。したがって賃金の伸縮的な動きによって完全雇用は自動的に達成され，③資本，労働，技術などの生産要素が投入されて総生産（総供給）がもたらされ，これが国民所得を決定する，とみなしていた。

　この古典派経済学はアルフレッド・マーシャルに始まる一派によって継承され，その後一般化されて発展し，新古典派経済学といわれている。この学派はとりわけミクロ経済分析理論を精緻化することに貢献した。しかしマクロ経済学において古典派理論というときはケインズ以前の正統派経済学のことをさすことが多い。古典派経済理論に対する幻滅は世界大恐慌に対する政策が無力であったことから生じた。1929年秋ニューヨークの株の大暴落をきっかけに30年代前半世界は大不況に見舞われたが，この不況に対してなんら対策を打ち出せない古典派経済学は経済学者の間にその有効性を疑わせることになった。

　ケインズは，不況は総需要の不足から引き起こされるものであるから需要の創出によって不況は克服されることを明らかにした。彼はその大著『雇用・利子および貨幣の一般理論』（1936）において国民所得の決定，総支出アプローチによる経済分析，政府による総需要管理を理論的に体系化し，マクロ経済分析モデルを発展させることになった。一般にケインズ経済学の基本的な考え方とは，経済の不況あるいは過熱しているときに，政府が財政政策（政府支出の増減，課税率の変更〈減税ないし増税〉）と金融政策（貨幣供給量の増減，利子率の引き上げないし引下げ）を適宜，弾力的に行って景気の安定化をはかろうとすることである。

第9章　国民経済の循環はどのように
　　　　　理解したらいいだろうか　担当・太田辰幸

キーワード＝経済循環，経済主体，生産物市場，生産要素市場，要素所得，政府部門と民間部門，所得フロー，国民純生産，三面等価の原則

はじめに

　本章においては，一国経済を全体として鳥瞰し，その経済活動の仕組み，経済循環の構造を理解する。前章において一国全体の家計，企業，政府それぞれの経済行動の結果として，生産が行われ，それによって発生した所得が国民に分配され，その所得が支出されることを説明した。以下において個々の経済主体の経済活動だけではなく，経済主体相互間の取引関係，相互依存関係を把握し，経済循環の基本的構造と国民所得について日本経済の事例を用いて説明する。

第1節　経済循環の基本的構造とは
　　　　　どのようなことだろうか

　一国全体の国民経済は，政府，企業，家計の3つの経済主体から構成されている。それぞれの経済主体は財（公共財を含む）やサービスの生産から消費にいたるまでの各段階の間に無数の取引を行っている。生産された財とサービスは流通過程で取引され，それに伴って貨幣，資金が流通し，所得が発生し，投資が行われる。このような経済活動が循環的に機能し，経済規模が維持，拡大あるいは縮小していくプロセスが経済循環である。この経済循環によって社会全体とし

ての経済の動きが把握・観察される。経済活動を循環的に捉える初期の試みは18世紀のケネーにさかのぼることができる。重農主義の代表的な経済学者で医者でもあったフランスのケネー（Francois Quesnay）はその著書『経済表』（1758）によって人体の血液の循環になぞらえて経済循環の図式化を試みている。経済循環の表式が現在のような形式に整えられた背景にはケインズ以後の国民経済計算の進歩があり，国民所得理論の発展があった。国民経済計算の根底にある基本的な概念は，基本的に

　　　生産（前期）──→ 分配 ──→ 支出 ──→ 生産（次期）

という経済活動の循環プロセスを示すものであり，プロセスごとにフローとストックの変動を説明することを意図している。分配された所得は支出と貯蓄に分けられるから上の構図は，図9-1によって示される。

図9-1 経済循環の基本的フレーム

生産要素投入 ──→ 生産 ⇒ 分配（所得）→ 支出 → 交換 → 要素所得 ↘
　　　　　　　　　　　　　分配（所得）→ 貯蓄 → 投資 → 資本蓄積 ↗ 生産

注：要素所得とは要素報酬，要素価格ともいわれる。3大生産要素である資本，労働，土地とその要素所得は以下のとおりである。

生産要素	要素所得
資本	利子・配当，資本レンタル
労働	賃金
土地	地代

1 経済主体の相互依存関係からみた経済循環

　一国の経済は公共部門と民間部門の2つの分野に分けられ，公共部門は政府（中央，地方政府）部門，民間部門は家計と企業から構成されており，それぞれが経済的意志決定を行っている。この家計，企業，政府の3者が基本的な経済的意志決定の主体であり，通常この3者を経済主体とよんでいる。

　個々の経済主体が生産，消費，貯蓄，投資，分配などの経済行動を行っており，相互間の経済取引を行っている。政府部門と民間部門は公共財の需要と供給に

第1節 経済循環の基本的構造とはどのようなことだろうか　*129*

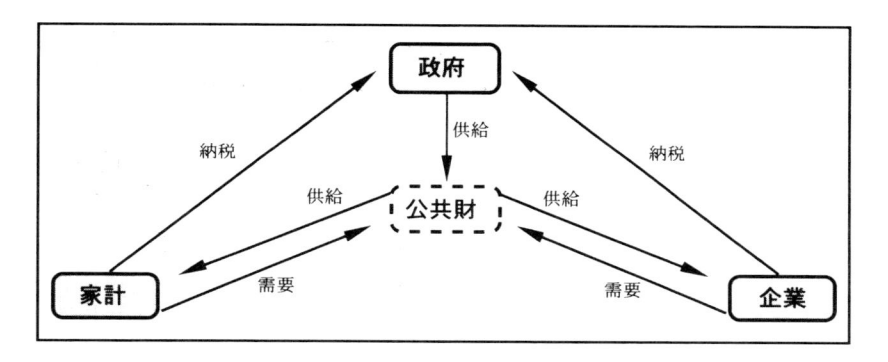

図9-2 政府部門と民間部門の相互依存関係

```
              政府
         ↗    ↓    ↖
      納税  供給   納税
       ↑    ↓     ↑
       │  公共財   │
       │ ↙    ↘  │
       │供給    供給│
    家計 ←――――→ ←―――――→ 企業
          需要       需要
```

おいて次のような依存関係にある。公共財とは，国防，外交，警察，教育，公立病院，道路，空港などの国家，国民の安全，文化・福祉水準の向上，経済・社会の発展のために必要な公共施設の整備，公共サービスの提供などのことであり，公共部門が供給するものである。これらは国民生活にとって不可欠であることはいうまでもない。政府部門（Public Sector）は民間部門（Private Sector）である家計と企業に対して公共財を供給し，その代償として政府は民間部門に課税し，民間部門は政府に納税する。民間部門は生産物市場（財とサービスの市場）および生産要素市場（資本，労働，土地の市場）において相互に財・サービス，生産要素の取引を行っている。政府部門と民間部門の相互依存関係は図9-2によって示される。

2 民間部門と政府部門の相互取引

政府部門は家計と企業の民間部門に対して国防，警察・教育などの公共財を供給する。政府は市場機構の維持や民間の経済活動の円滑な働きを促すために法的秩序を整え，民間部門では負担しえない社会資本を整備し，国民生活の安定，発展のために介入する。これら政府の供給する公共財は民間企業の供給する生産物と異なり，市場価格は存在せず，代価の支払いを伴うことなく供給される。

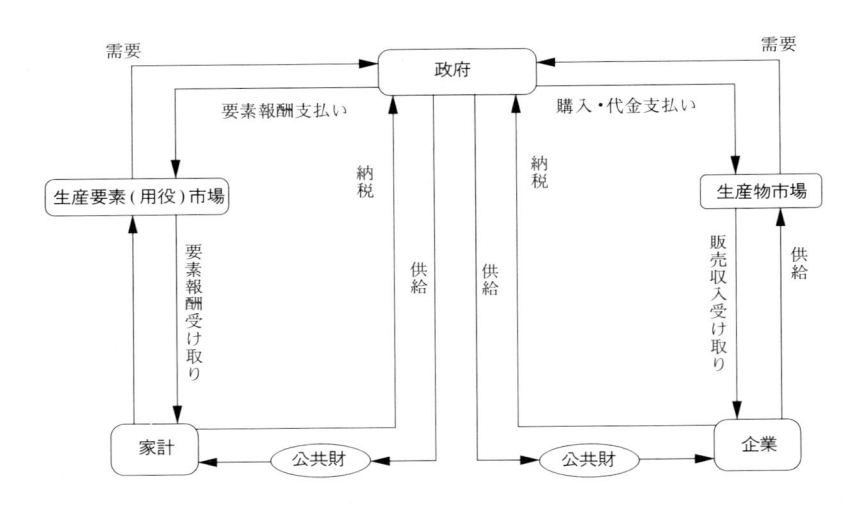

図9-3 政府部門と民間部門の取引

公共財の供給に必要なコストは民間から徴収した税金によって賄われる。政府と民間の依存関係，相互取引は第図9-3によって示される。

3 民間部門における経済循環

民間部門の家計と企業は供給者と需要者としての2つの役割を果たしている。民間部門の取引にはこの両者の組み合わせによって4つのケースが存在する。すなわち，生産物市場，要素市場，資本財市場，直接的消費用役市場の4つの市場における家計と企業の取引関係は表9-1のように表示される。

表9-1 市場における企業と家計の取引

ケース	供給者（生産者）	需要者（消費者）	取引市場のタイプ
1	企業	家計	生産物(財)市場
2	家計	企業	生産要素(用役)市場
3	企業	企業	資本財(中間財)市場
4	家計	家計	直接的消費用役市場

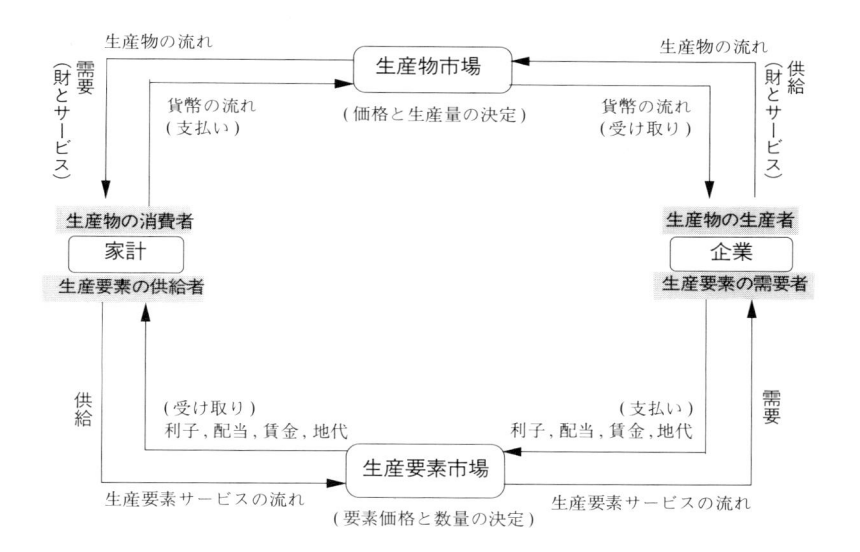

第1節 経済循環の基本的構造とはどのようなことだろうか　　*131*

図9-4　家計と企業の相互依存関係

```
                    生産物の流れ                              生産物の流れ
              ┌─────────────────→  生産物市場  ←─────────────────┐
     需要     │     貨幣の流れ     (価格と生産量の決定)     貨幣の流れ     │  供給
   (財と     │     (支払い)                              (受け取り)    │ (財と
   サービス)  │                                                      │ サービス)
              ↓                                                      ↓
         生産物の消費者                                         生産物の生産者
           ┌─────┐                                              ┌─────┐
           │ 家計 │                                              │ 企業 │
           └─────┘                                              └─────┘
         生産要素の供給者                                        生産要素の需要者
              │                                                      ↑
     供給     │    (受け取り)                           (支払い)      │  需要
              │  利子,配当,賃金,地代              利子,配当,賃金,地代   │
              └─────────────────→  生産要素市場 ←─────────────────┘
                生産要素サービスの流れ              生産要素サービスの流れ
                              (要素価格と数量の決定)
```

　表の第1のケースの取引は，企業の供給する財とサービスを家計が消費者として需要するという場合で，生産物市場において行われる。第2は，家計が供給する生産要素（用役）を企業が需要者として購入する場合であり，生産要素（用役）市場において行われる取引である。この2つの取引関係は図9-4によって示される。しかし，現実の取引は家計と企業の相互間に限られず，企業相互間，家計相互間の取引がある。第3の場合が企業相互間の取引で，企業が供給者と同時に需要者でもある場合である。多くの企業では他社が製造した部品や機械を購入して最終製品に仕上げ，別の企業に販売している。この企業間の取引は資本財（中間財）市場において行われる。最後のケースが家計相互間の取引である。この取引は生産を目的としない，直接的な消費のための，いわばインフォーマルな取引である。

第2節　マクロ経済学の2つの基本概念について
——国民総生産と国民所得

図9-5　国民総生産と支出—所得のフロー

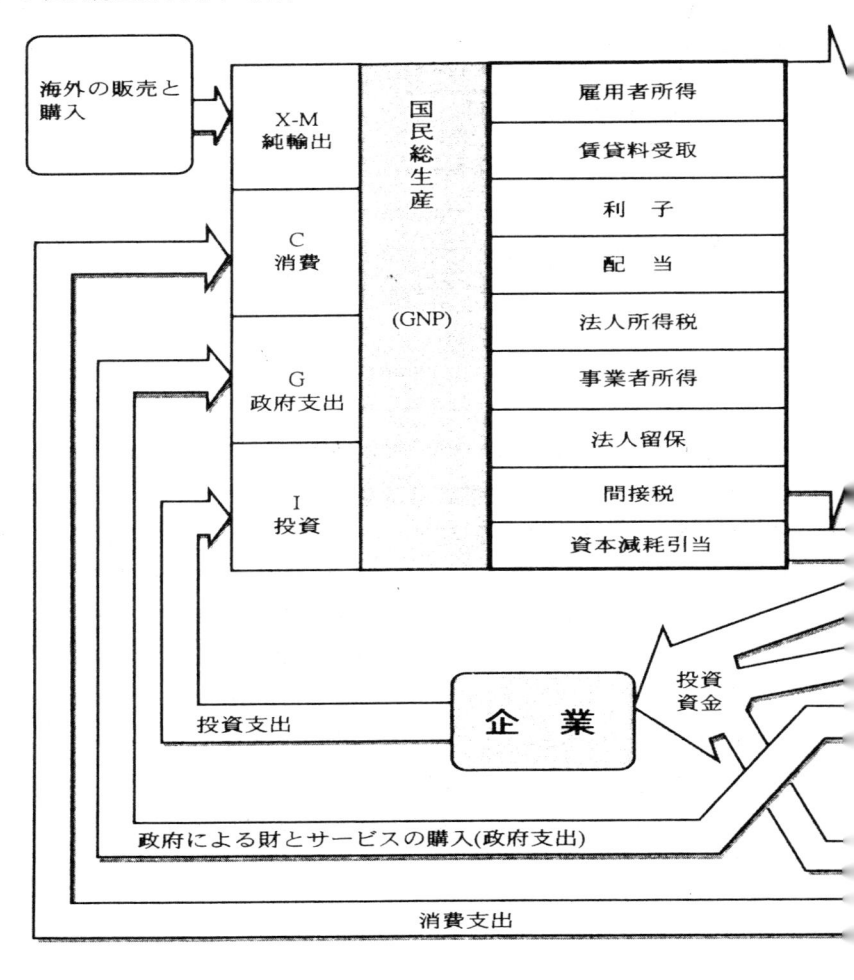

海外の販売と購入	X-M 純輸出	国民総生産 (GNP)	雇用者所得
			賃貸料受取
			利子
	C 消費		配当
			法人所得税
	G 政府支出		事業者所得
			法人留保
	I 投資		間接税
			資本減耗引当

投資支出　企業　投資資金

政府による財とサービスの購入（政府支出）

消費支出

第2節 マクロ経済学の2つの基本概念について――国民総生産と国民所得　　133

　GNPを測定するには3つの方法がある。第1は，国内の各産業の生産した産出高を合計して求める方法であり，第2は，経済を構成する各グループが稼いだ賃金や利潤などの所得を合計する方法であり，第3は，家計，企業，政府，海外部門などの異なる需要者グループが財とサービスの購入のために支出した支出額を合計する方法，である。この3つの方法によって算出したGNPはいずれも等し

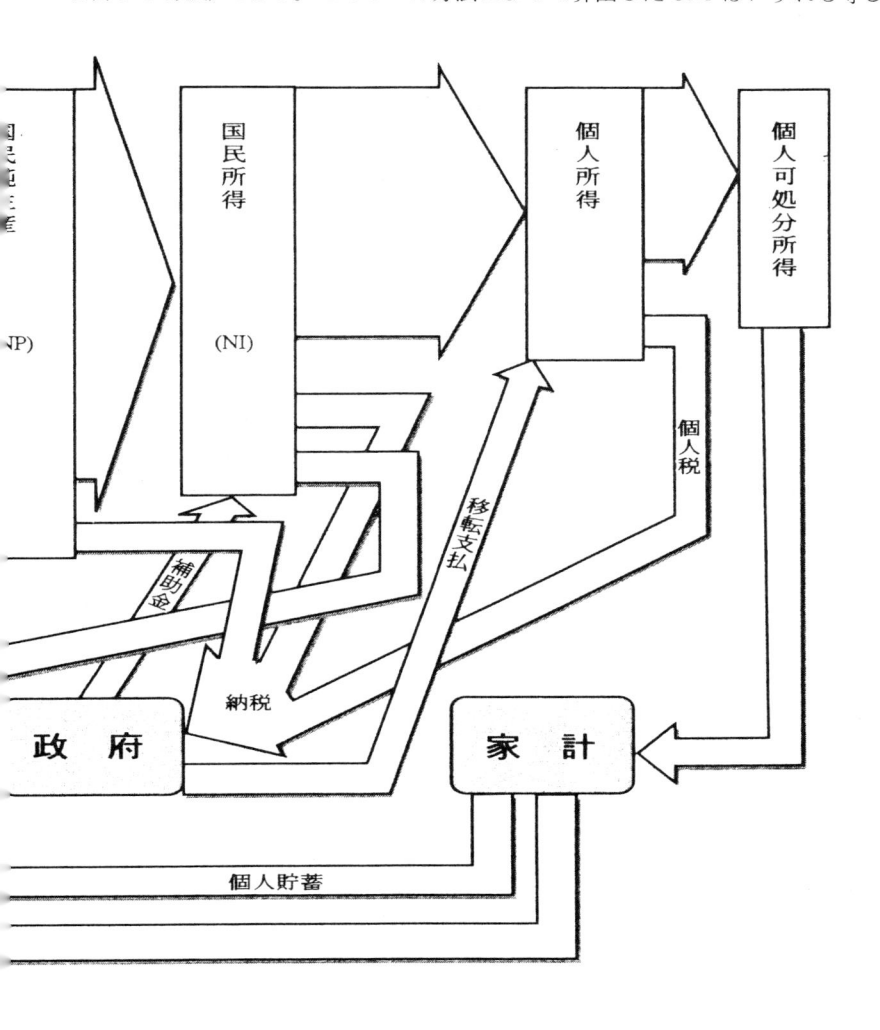

134   第9章 国民経済の循環はどのように理解したらいいだろうか

くなる。なお，GNPと支出，所得のフローは図9-5に示される。
　図9-5と関連させて生産，所得，支出の国民経済計算の概念図を描くと図9-6

図9-6　国民経済計算の概念図

国民総支出(GNE)	民間最終消費支出	政府最終消費支出	国内総資本形成	財貨・サービスの純輸出	海外からの所得の純収入

産出額	国内総支出（GDE）	中間消費
	国内総生産（GDP）	中間投入

国民総所得(GNI)	GDP	海外からの所得の純受取
	国民純生産（NNP）	固定資本減耗

（市場価格表示の）国民純生産(NNP)	（要素費用表示の）国民純生産	生産輸入品に課される税補助金（控除）

（要素費用表示の）国民所得(NI)	雇用者所得	財産所得（非企業）	企業所得（法人企業の分配所得後）

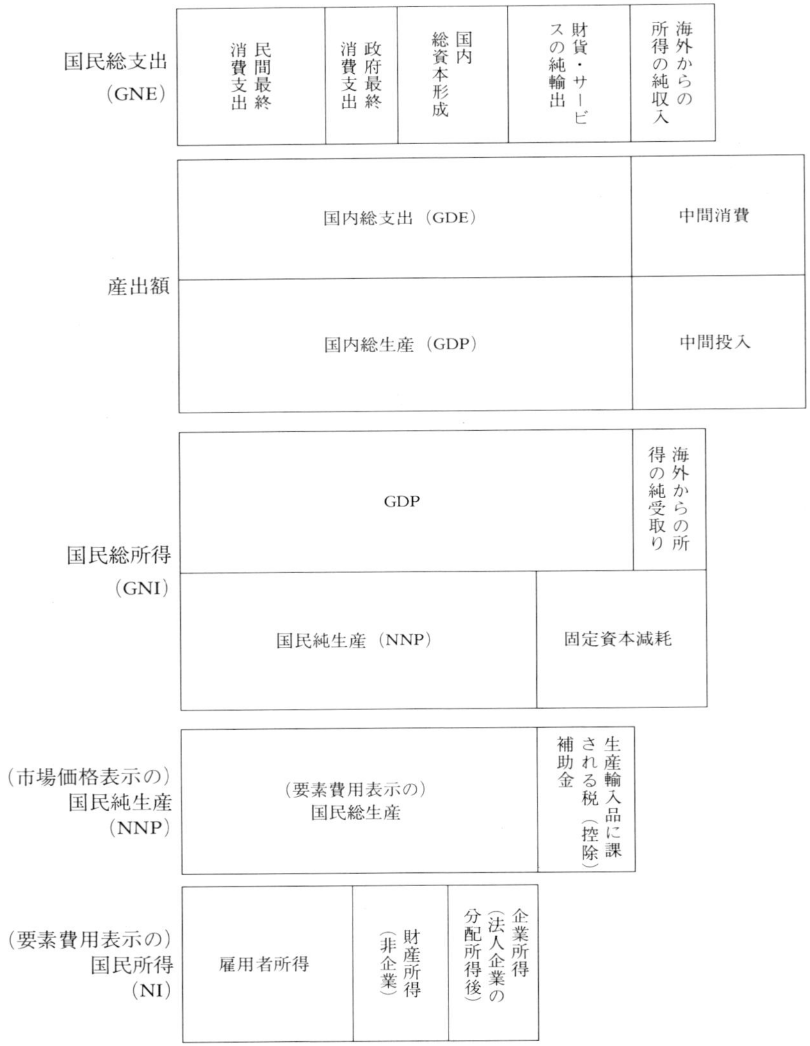

第2節 マクロ経済学の2つの基本概念について——国民総生産と国民所得　　135

のようになる。

1 GDPとGNP：生産面

　一国の経済活動の結果，産出された総生産を表す概念は国内総生産（GDP）といわれ，一国の経済規模を測る物差しとして用いられる。GDPとは，「一定期間（四半期，または年度）内に一国の国内で生産された財とサービスの付加価値（貨幣価値で表示された）の合計」として定義される。これに対して国民総生産（GNP）は一国の国内ではなく，一国の国民が生産した生産物（財とサービス）の付加価値の合計であるからその国民が国外で生産したものも含まれる。付加価値を現在の価格で測ったものを名目GDPとか名目GNPと呼び，基準年の固定された価格で測ったものが実質GDP，実質GNPである。

　一国のGDPは国全体の生産額を合計したものであるが，国内すべての企業の生産額を単純に合計する（二重計算の誤り）のではなく，付加価値のみを加算して求められる。付加価値とは産出額から中間投入財（原料や部品など）を控除したものである。すなわち各産業の産出した付加価値の総和がGDPとなる。

　財・サービスは機械，工場，住宅などの資本ストックによって生産されるのであるが，これらの生産設備や建物は年々価値が減耗する。正味のGDP数値（これを国内純生産＝Net Domestic Product＝NDPという）を算出するには資本の減耗分（資本減価償却費ともいう）を差し引いておかなければならない。すなわち，

　　　　NDP＝GDP－（固定）資本減耗分

　同様に，国民総生産（GNP）から資本減耗分を引くと，国民純生産（Net National Product＝NNP）が求められる。すなわち，

　　　　NNP＝GNP－（固定）資本減耗分

2 国民所得：分配面

　生産によって生まれた付加価値は生産に貢献した生産要素（生産活動を行った経営者や労働者，生産のために資本を供給した人，土地を提供した人など）に

表 9-2 分配面からみた主要国のGDP構成比（2000年）　　　　　単位：％

	日本	フランス	ドイツ	アメリカ
雇用者報酬	54.8	52.2	53.8	57.5
営業余剰・混合所得（純）	18.4	19.5	20.5	23.4
固定資本減耗	19.2	14.1	14.9	11.9
生産・輸入財に課される間接税－補助金	*7.6	14.2	10.7	7.2

注＊：日本の数値は，生産・輸入財に課される間接税（8.5）－補助金（0.9）＝7.6。
出所：内閣府「国民経済年報　平成14年版」

所得として分配される。この所得を一国で合計したものが国民所得である。総所得は各々の生産要素に分配された①雇用者報酬（賃金のこと），②利子・配当や地代，③営業余剰（生産者の手元に残る利益）などを合計したものである。これらは基本的に労働への報酬，資本への報酬，企業所有者の経済学上の利潤，の3つに分けられる。企業にとって①と②は付加価値の生産に必要な生産コストであるが，生産コストを構成するものとしては，上記の①，②のほかに④原材料などの中間投入額，固定資本減耗費，間接税などの項目がある。企業の総売上額から①，②，④などのコスト総額を差し引いて手元に残る額が利益（③営業余剰）である。なお，付加価値の合計としては①＋②＋③＋④（ただし原材料などの中間投入額を除く）として求められる。これはGDPに等しくなることは前述の定義から明らかである。なお，間接税を上述のNNPから差し引くと国民所得（National Income）が得られる。すなわち，

　　　　　国民所得＝NNP－間接税

国民所得は国民がいくら稼いだかを測る尺度である。労働者が受け取る雇用者報酬が各国とも国民所得のうち過半を占めている。なお，政府から補助金が供与されると，これは国民所得に加算される。なお，主要国の国民所得の構成は表9-2のとおりである。

3 国民総支出(総需要):支出面

経済活動によって産出された最終生産物は市場において需要者によって購入される。需要者は経済主体である家計(消費者を含む),企業,政府であり,ほかに海外からの需要(輸出)がある。家計の需要は消費支出(Consumption = Cで表す),企業の需要は投資支出(Investment = I),政府の需要は政府支出(Government Expenditure = G)であり,これらの支出の合計が一国全体の国内需要(内需)であり,海外の需要は輸出(X)(外国需要=外需)である。なお,輸出から輸入(M)を控除したものを純輸出(net export)と呼ぶ。内需と外需の合計が総需要であり,これは需要者が最終生産物を購入し,支出する合計支出額に等しい。最終生産物の産出額の合計はGDPであるから,GDPは各需要(支出)項目の合計に等しくなる。

このことは以下の関係式で表すことができる。すなわち,

 GDP=最終消費支出+投資支出+政府最終消費支出+(輸出−輸入)

これは,

 $GDP = C + I + G + (X - M)$

と書き表せる。

表9-3 支出面からみた主要国GDP構成比(2000年) 単位:%

	日本	フランス	ドイツ	アメリカ
民間最終消費支出 (C)	55.9	54.8	58.5	68.6
政府最終消費支出 (G)	16.7	23.3	19.0	14.4
国内総固定資本形成	26.3	19.7	21.6	20.2
在庫品増加	−0.3	0.9	0.6	0.5
財貨・サービスの輸出 (X)	10.8	28.7	33.7	11.2
(控除)財貨・サービスの輸入 (M)	9.3	27.2	33.3	15.0

注:投資(I)=国内総固定資本形成+在庫品増加。
出所:OECD *National Accounts*, 2002年版

なお，投資（I）は固定資本投資（固定資本形成）と在庫投資に分けられ，前者には住宅投資と非住宅投資（企業設備投資）の2つがある。なお，家計の住宅投資支出は投資（I）として分類されることに注意する必要がある。投資はフローであるが，年々の投資の結果，資本ストックに加えられ，資本ストックは増大する。しかし，資本ストックは年ごとに減耗していくものであるから，投資の一部は減耗（減価）した資本を置き換えるために用いられる。GDPに表われる投資は総投資であり，資本の減耗分を含んでいる。主要国の国内総支出の構成をみると表9-3によって示される。

GDPは総生産であるから国内の総供給のことであり，国内支出の合計は総需要であるから，上式は，

　　　　総供給＝総需要

となる。わが国の国民総支出の内容は表9-4によって示される。

このようにGDPは，①「生産」によって産出される付加価値の合計であり，②各生産要素に「分配」される所得の合計であり，また③最終生産物である財とサービスに対する「支出」の合計であるから，GDPを生産面，分配面，支出面の3面それぞれでとらえても等しいことになる。このことを「三面等価の原則」という。

なお，2000年におけるわが国の経済循環は図9-7によって示される。

第2節 マクロ経済学の2つの基本概念について――国民総生産と国民所得

表9-4 わが国の国民総支出の構成(1996年および2000年) 単位:10億円(名目)

項目	1996	2000
1.民間最終消費支出	282,121.4	287,230.7
(1)家計最終消費支出	276,911.1	281,309.3
a.国内家計最終消費支出	273,990.9	278,752.8
b.居住者家計の海外での直接購入	3,231.6	2,819.4
c.(控除)非居住者家計の国内での直接購	311.4	262.9
(2)対家計民間非営利団体最終消費支出	5,210.3	5,921.5
2.政府最終消費支出	77,356.1	85,730.8
家計現実最終消費	326,021.7	335,096.3
政府現実最終消費	33,455.9	37,865.3
3.国内総資本形成	148,786.1	133,257.0
(1)総固定資本形成	145,325.6	135,051.8
a.民間	101,569.8	100,153.2
(a)住宅	27,508.7	20,446.5
(b)企業設備	74,061.1	79,706.7
b.公的	43,755.8	34,898.6
(a)住宅	1,559.1	1,084.5
(b)企業設備	9,881.9	7,926.5
(c)一般政府	32,314.9	25,887.6
(2)在庫品増加	3,460.5	−1,794.9
a.民間	3,133.9	−1,927.5
b.公的	326.6	132.6
(a)公的企業	284.7	10.8
(b)一般政府	41.9	21.8
4.財貨・サービスの純輸出	2,538.8	7,315.5
(1)財貨・サービスの輸出	49,560.6	55,255.9
(2)(控除)財貨・サービスの輸入	47,021.8	47,940.4
5.国内総支出(1+2+3+4)	510,802.4	513,534.0
(参考)海外からの所得の純受取	5,470.8	6,421.3
海外からの所得	12,935.3	11,574.8
(控除)海外に対する所得	7,464.5	5,153.5
国民総所得	516,273.2	519,955.3
(参考)国内需要	508,263.6	506,218.5
民間需要	386,825.1	385,456.5
公的需要	121,438.5	120,762.1

注:①民間需要=民間最終消費支出+民間住宅+民間企業設備+民間在庫品増加。②国内需要=民間需要+公的需要。③国民総所得=国内総支出+海外からの所得の純受取。④公的需要=政府最終消費支出+公的固定資本形成+公的在庫品増加。
出所:内閣府「国民経済計算年報 平成14年版」

図9-7 2000年の日本経済の循環
単位：兆円
出所：内閣府「国民経済計算年報 平成14年版」

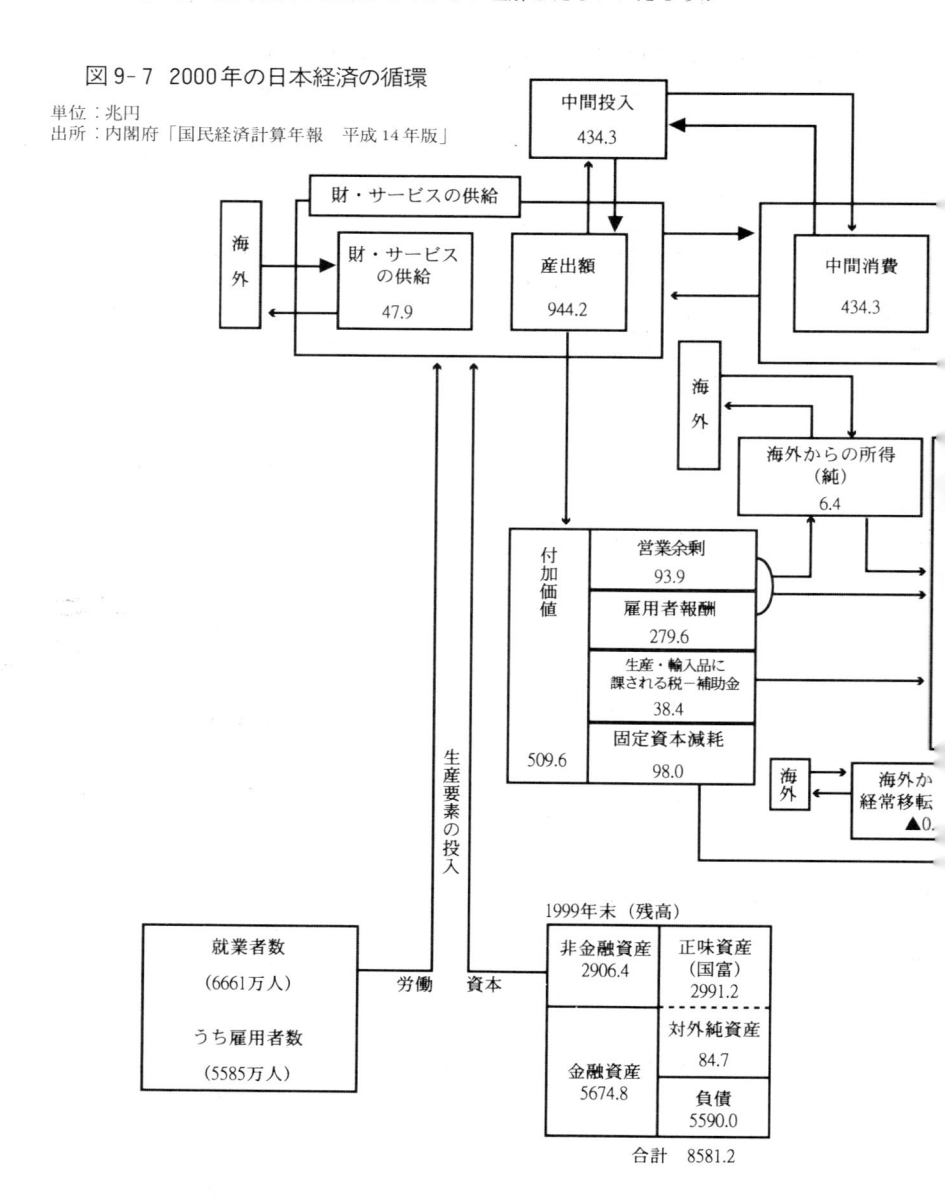

- 中間投入 434.3
- 財・サービスの供給
- 海外
- 財・サービスの供給 47.9
- 産出額 944.2
- 中間消費 434.3
- 海外
- 海外からの所得（純）6.4
- 付加価値 509.6
  - 営業余剰 93.9
  - 雇用者報酬 279.6
  - 生産・輸入品に課される税－補助金 38.4
  - 固定資本減耗 98.0
- 海外
- 海外からの経常移転 ▲0.
- 就業者数（6661万人）
- うち雇用者数（5585万人）
- 労働
- 資本
- 生産要素の投入

1999年末（残高）
- 非金融資産 2906.4
- 正味資産（国富）2991.2
- 金融資産 5674.8
- 対外純資産 84.7
- 負債 5590.0
- 合計 8581.2

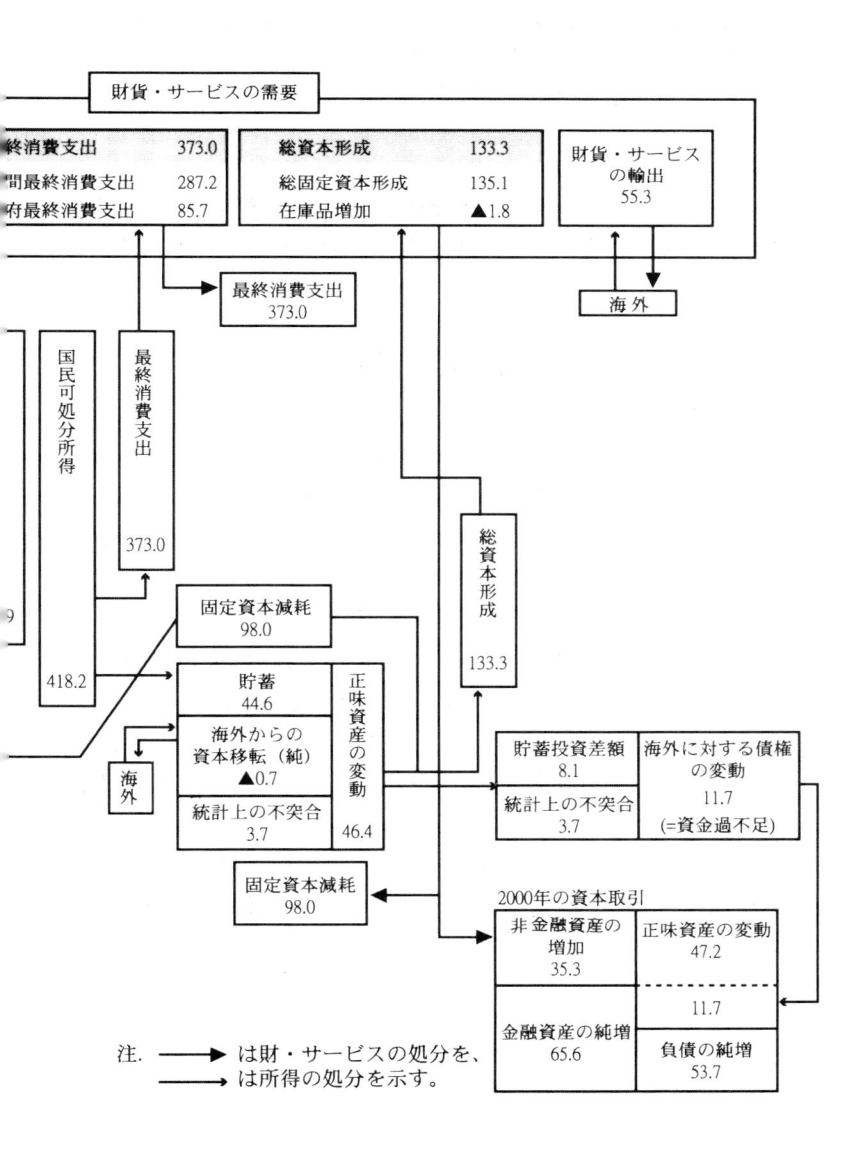

第2節　マクロ経済学の2つの基本概念について――国民総生産と国民所得　　141

財貨・サービスの需要		
終消費支出　　373.0 間最終消費支出　287.2 府最終消費支出　85.7	総資本形成　　133.3 総固定資本形成　135.1 在庫品増加　　▲1.8	財貨・サービス の輸出 55.3

最終消費支出
373.0

海外

国民可処分所得

最終消費支出

373.0

418.2

固定資本減耗
98.0

貯蓄　44.6	正味資産の変動	総資本形成
海外からの 資本移転（純） ▲0.7		133.3
統計上の不突合 3.7	46.4	

海外

貯蓄投資差額 8.1	海外に対する債権 の変動 11.7 （＝資金過不足）
統計上の不突合 3.7	

固定資本減耗
98.0

2000年の資本取引

非金融資産の 増加 35.3	正味資産の変動 47.2
	11.7
金融資産の純増 65.6	負債の純増 53.7

注．──▶は財・サービスの処分を、
　　───▶は所得の処分を示す。

第10章　国民所得はどのように決まるのだろうか

担当・太田辰幸

キーワード＝有効需要の原理, 均衡国民所得の決定, ケインズ経済学, 消費性向, 貯蓄性向, 限界消費性向, 所得線, 消費関数, 乗数, 乗数理論, 節約のパラドックス

はじめに

　長期的にみれば景気変動を伴いながらも経済発展を遂げ, GDPや国民所得は増加してきた。経済成長のプロセスは決して平坦ではなく, 不況のときがあれば好況のときもある。このように経済活動が縮小したり, 拡大することを景気変動といったり景気循環という。

　不況のときは成長率が低下し, 需要が落ち込み, 企業は在庫の山を抱え, 企業は生産を縮小させるから失業が増大し, 供給過剰ないしは需要不足からGDPが減少する。しかし好況期になると, 需要が拡大し, 在庫は減少し, 供給不足の状態さえ生まれる。この期においては増大する需要に見合うように企業は供給を拡大させ, 生産が増加するから成長率は上昇する。成長率の高い好況時にはしばしば物価の高騰する傾向がみられる。

　本章ではGDPや国民所得がどのように決まるかを考えてみる。所得, 消費, 貯蓄の間の関係についても理解しておくことが求められる。身近な経済を例にとって考えてみよう。

第1節　国民所得は総需要の大きさ次第によって決まる

　市場における需要と供給の一致した点において均衡価格が決定されるように，国民所得の均衡水準は，総需要である消費支出（C），投資支出（I）および政府支出（G）の合計（C＋I＋G）が総供給量であるGDPに一致した点において決定する（閉鎖経済の場合）。

　均衡とは消費者や企業が彼らの経済行動を変化させる気がなく，たとえば企業は在庫水準も適正規模であり，生産量や価格を変えようとする意志がなく，現状に満足しているような状況のことをさしている。もしGDPが総需要（C＋I＋G）を下廻れば，供給不足，需要超過となり，需要に見合う供給増がみられるためにGDPは増大し，また逆にGDPが（C＋I＋G）を上廻れば，需要不足，供給超過となり，企業は供給を減少させるためにGDPは減少する。GDPと総需要が一致した点において決定する国民所得を均衡国民所得（または均衡国民総生産）という。これは図10-1によって示される。

　ここで総需要をDとすれば，

　D＝C＋I＋G

上述によってきまる均衡国民所得はY_eとなる。

図10-1　均衡国民所得の決定

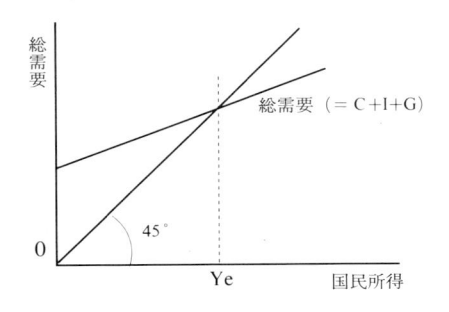

(1) GDP＞Dのとき，すなわちY_eより右側にあるときは，供給過剰，需要不足となり，企業は供給調整し，生産を均衡所得の点まで縮小する。

(2) GDP＜Dのとき，Y_eより左側にあるときは，供給不足，需要超過の状態にある。このとき企業は需要にみあう生産調整をし，供給をY_eまで増やす決定をする。

　図10-1は総需要の大きさが国民

所得を決定することを示している。すなわち，総需要がそれに等しい総生産をもたらすことを意味している。このような産出高決定理論はケインズ経済学のなかで中心的な役割を果たしている「有効需要の原理」にもとづいている。

　古典派経済学では，市場における需要と供給の不均衡は価格の変動によって調整される（価格の自動調節機能）とみなしている。これに対してケインズ経済学では，短期的に価格が硬直的とされているところから需要と供給の不均衡は数量調整によって行われると考える。このことは，総需要量に等しいところで総供給，すなわち産出高が決定することを意味する。言い換えれば，「一国全体の総需要が国内総生産，つまりGDPを決定する」というものである。

　古典派経済学の考え方によると，価格が十分に調整能力を備えているために需要と供給との間にギャップが生じても価格の変化によって調整されてギャップが解消する，したがって失業もいずれ賃金の低下を通じて解決され，常に完全雇用が実現することになる。これに対して「不況の経済学」といわれるケインズ経済学では価格調整機能が十分に働かないために，需要が落ち込んだとき企業はそれにあわせて生産を減少させるから総需要水準に等しいところで産出高が決まることになる。逆に総需要水準が上昇すれば，企業はそれに見合う供給を増やそうとする。不況のときには政府は総需要を引き上げる政策を実施すれば，企業は生産拡大を決意し，雇用を増やすなど景気が上向くことになる。

　このようにケインズ経済学では需要水準が国内産出高を決めることから，不況になれば需要を喚起し，GDP水準を高めるために政府支出を増やすとか民間投資を刺激する政策をとって景気を回復させようとする。

1 わが国では所得のうちどれだけ消費に向けているのであろうか

　わが国の勤労者世帯の所得と消費の関係は表10-1によって示される。表では実収入から納税額を控除した手元に残る所得が実際に使える所得すなわち可処分所得であり，このなかから消費され，消費されなかった分が貯蓄される。一般に次の関係が成立する。

　　　　　実収入－個人税＝可処分所得

第1節　国民所得は総需要の大きさ次第によって決まる

　　　　　可処分所得—消費＝貯蓄

これは通常，次の方程式で表すことができる。

　　　　　Y—C＝S

　表10-1によれば，1989年から1994年までの5年間に実収入は81万9313円増えたが，可処分所得は6万7812円の増加にとどまっており，この間に支出は4万1719円増加した。1994年から1999年の5年間に実収入は9715円，可処分所得については1万0365円の増加にすぎず，この間に消費は4039円減少している。これは不況の悪化により所得の伸びが大幅に減少し，消費がすっかり冷え込んだことを示している。これに対して貯蓄は1989年に6万1069円，1994年に8万7162円，1999年に10万1556円と次第に増加している。

　バブル期（1980年代半ばから90年代初めまで）には所得の増加にともなって消費も伸びたが，バブルの終焉，不況の進行につれて消費が落ち込み，逆に貯蓄が大幅に増加した。しかし，注意しなければならない点はこの現象は不況のせいばかりではないということである。一般に所得が増えるにつれて消費も増えるが，所得の増加分ほどには消費は増えなくなる。所得がさらに増えていくと

表10-1　1カ月平均実収入，消費支出の推移（勤労者世帯）　　　　　単位：円，%

	実収入	名目増加率	可処分所得	消費支出
1959	30,794	—	28,536	25,409
1964	52,864	71.7	48,097	44,283
1969	82,968	56.9	75,399	70,112
1974	179,089	115.9	160,996	144,053
1979	293,615	63.9	254,387	221,630
1984	375,863	28.0	316,778	273,188
1989	446,828	18.9	376,009	314,940
1994	536,141	20.0	443,821	356,659
1999	545,856	1.8	454,186	352,620

出所：総務省統計局「全国消費実態調査報告　平成11年　第7巻」

消費の伸びはしだいに小さくなり、逆に貯蓄の伸びが大きくなっていく傾向がある。つまり所得が低いとき、生計を維持することができないほどに支出がかさみ、借金で遣り繰りせざるをえなくなるほどだから貯蓄は困難になる。しかし本人の収入が増えるにしたがって支出も増えるが、所得の伸びほどには支出は伸びないからしだいに貯蓄の余裕ができてくる。

2 消費性向とはなんのことだろうか

所得のうち、どれだけを消費に向けるかは個人によって、必ずしも同じではない。たとえば浪費家は所得の大部分を消費し、ときには支出が収入を上回ることがあり、貯蓄する余裕は乏しい。これに対してなかには消費を切り詰めてせっせと貯蓄に励む人もいる。また、国によっても消費性向は異なる。日本やスイスは国民の貯蓄率が高いのに比べて、アメリカでは貯蓄率が低く、消費性向が高いといわれる。いうまでもなく、所得のうち消費した残りの分が貯蓄される。これは以下のように表される。

　　　　所得＝消費＋貯蓄

これは $Y = C + S$ となるから、この式の両辺を Y で割ると、

　　　　$Y/Y = C/Y + S/Y$

これは $1 = C/Y + S/Y$ となる。

このとき $C/Y =$ 平均消費性向、$S/Y =$ 平均貯蓄性向と呼ぶ。

前者（C/Y）は所得のうち消費に向けられる割合をしめすもので、通常、平均消費性向（Average Propensity to Consume ＝ APC）といい、後者（S/Y）は所得のうち、貯蓄に向けられる割合であり、平均貯蓄性向（Average Propensity to Save ＝ APS）という。

したがって、$1 = APC + APS$ となる。

ここで1990年当時のアメリカの可処分所得、消費、貯蓄のデータによって所得の増加につれてどのように消費、貯蓄が変化するかみてみよう。

所得が2万4000ドルから2万5000ドルに増加すると、表10-2の示すように所得と消費が一致し、貯蓄はゼロとなり、収入・支出が均衡する。ここで平均消費

性向は1となる。つまり、APC＝1となる点において収入と支出が均衡し、所得の分岐点となる。

同表に基づいて平均消費性向と平均貯蓄性向を計算すればつぎのように求められる。この分岐点以下にお

表10-2 アメリカの平均消費・貯蓄性向

	可処分所得	消費(C)	貯蓄(S)	平均消費性向（APC）	平均貯蓄性向(APS)
A	$ 24000	$24,110	$ －110	1.005	－0.005
B	25,000	25,000	0	1	0
C	26,000	25,850	150	0.99	0.01
D	27,000	26,600	400	0.99	0.01
E	28,000	27,240	760	0.97	0.03
F	29,000	27,830	1,170	0.96	0.04
G	30,000	28,360	1,640	0.94	0.06

出所：Samuelson, P.A. & W.D. Nordhaus, *Economics*, 14th ed. 1992.

いては、たとえば所得2万4000ドルでは、消費支出は2万4110ドルであるから、平均消費性向は1を上回る1.005となり、所得以上の支出をしていることを示している。平均貯蓄性向は－0.05（厳密には－0.0045）であり、この階層ではマイナスの貯蓄110ドルをしていることになる（表10-2のC点以上データは小数点第2位まで切り上げて表示されたもの）。

表10-2が示すように、一般に所得が増加するにつれて平均消費性向は減少していく。逆に平均貯蓄性向は増大していく傾向がある。所得が増えるにつれて貯蓄の余裕がしだいに生まれてくることを意味している。アメリカの平均消費性向は一般に高いといわれるように、中所得階級の平均消費性向は0.9を上回っている。わが国に

表10-3 わが国の平均消費性向
（全国勤労者世帯）

1964	0.92
1969	0.93
1974	0.90
1984	0.86
1989	0.84
1994	0.80
1999	0.78

注：第10－1表から作成
出所：総務省統計局「全国消費実態調査報告平成7年」

おいては1960年代始め、まだ所得水準が低く、生活に余裕がなかった当時には勤労者世帯の平均消費性向は0.92（1964年）と高かったが、その後高度成長期を経てしだいに低下し、バブル期の80年代後半に0.84、不況期の1999年には0.78となった。貯蓄性向が急激に上昇していることがわかる（表10-3）。

第2節 総需要はどのように決まるのであろうか

　総需要とは，閉鎖経済の場合，消費（C），投資（I），政府支出（G）から成り立っている。前述のように消費は所得の大きさに依存して決まる。投資も一般に利子率の水準によって決まる。利子率が低いときには企業家は投資を増やすが，高くなれば資本調達のコストが上昇するために投資を縮小させる。しかし，ここではまず投資と政府支出は一定として扱うことにする。したがって，総需要（＝C＋I＋G）は消費（C），すなわち，所得（Y）の大きさによって決まる消費水準にのみ依存することになる。以下において消費を決める消費関数，そこから導かれる貯蓄および貯蓄関数がどのようにして決まるかをみてみよう。

1 所得と消費の関係はどうなっているか：消費関数

　一般的な傾向として，消費は所得（可処分所得）が増えるにつれて上昇する。この所得の変化に応じて消費がどれだけ変化するかを表す関係は消費関数によって示される。このことは，消費は所得に依存して決まることであり，最も単純な消費関数は次の一次方程式によって表される。

　　$C = \alpha + \beta Y$

　記号の説明：

　　C ＝今期の消費

　　Y ＝今期の所得

　　α ＝基礎消費（生計を維持するため最低限必要な消費）

　　β ＝所得のうち消費の割合を決める係数

　これは所得増加分のうち消費の増加分も決めるから限界消費性向（Marginal Propensity to Consume ＝ MPC）で

図10－2　単純な消費線の例

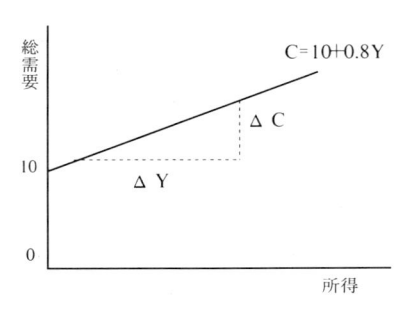

$C = 10 + 0.8Y$

第2節 総需要はどのように決まるのであろうか　*149*

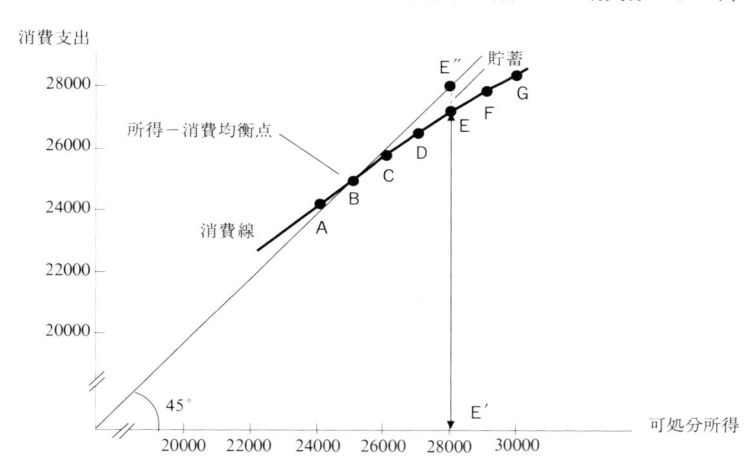

図10-3　家計の所得と消費の関係（消費性向線または消費線ともいう）

もある。$0 < \beta < 1$。

かりに所得の8割を支出する人の消費関数は，たとえば，$C = 10 + 0.8Y$ と書き表すことができる。この単純な一次式で表される消費関数は所得がゼロのときでも生活するには10万円の支出が必要であること，所得が増えてもその8割は消費することを意味している（図10-2参照）

実際のアメリカのデータについて表10-2にもとづいて消費線を図示してみると，図10-3のように示される。

2 所得の伸びにつれてどれだけ消費が増えるか：限界消費性向

所得が増加すれば，消費も増加する傾向があることは前述のとおりである。同様に所得の増加した分のうち，どれだけ消費の増加に，また貯蓄の増加に向けられるかを記号によって示してみよう。前述の恒等式から，

　　所得＝消費＋貯蓄　　　よって，
　　$Y = C + S$　　であるから，所得の増加分についても消費の増加分と貯蓄の増加分に分けることができる。すなわち，

所得の増加分＝消費の増加分＋貯蓄の増加分
が成立する。

　　　所得の増加分＝ΔY,
　　　消費の増加分＝ΔC,
　　　貯蓄の増加分＝ΔS　と表せば,
　　ΔY＝ΔC＋ΔS　　　となる。
この両辺をΔYで割ると,
　　　ΔY／ΔY＝ΔC／ΔY＋ΔS／ΔY　　　これは,
　　　　　　1＝限界消費性向＋限界貯蓄性向　　　となる。

表10-2によれば,所得が2万4000ドルから2万5000ドルへ増加すれば消費は2万4110ドルから2万5000ドルへと890ドルだけ増えている。つまり所得が1000ドル分増加するにつれて消費が890ドルだけ増加したとき,この限界消費性向（MPC）は890／1000＝0.89であるという。すなわち,このときの限界消費性向はつぎのようにして求められる。

　　　限界消費性向（MPC）＝消費の変化／所得の変化
通常,所得はY,消費はCで表わされるから上式は,
　　MPC＝ΔC／ΔY
となる（Δはギリシャ語のデルタで一般に変化分を表す記号）。

1959年以降のわが国の限界消費性向は表10-4の示すようにしだいに低下傾向をみせている。1959年から64年にかけて当時まだ所得水準の低いときは,わが国の勤労世帯は所得の増加分の96％を消費に向けていた。しかし世界第2の経済大国に発展し,バブル期を迎えると限界消費性向は0.62に低下した。90年代半ばのMPCは不況が悪化したことによって,所得が増えたにもかかわらず消費は減少したことを示している。この消費の減少はいかに不況が深刻であるか,あるいは豊かな国の消

表10-4 わが国の限界消費性向の推移

	MPC
1959～1964	0.96
1964～1969	0.95
1984～1989	0.70
1989～1994	0.62
1994～1999	-0.39

出所：第10-1表から算出

費の停滞を示唆する異常ともいうべき現象である。

3 所得の伸びにつれてどれだけ貯蓄が増えるか：限界貯蓄性向

貯蓄の変化についても上の場合と同じように一般に所得が増加するにつれて貯蓄も増加する。たとえば第表10-2の例によっても，2万5000ドルから2万6000ドルと1000ドル所得が増加するにつれ，貯蓄は0から150ドルへと増加している。このときの限界貯蓄性向（Marginal Propensity to Save ＝ MPS）は150／1000 ＝ 0.15となる。すなわち，限界貯蓄性向はつぎのように求められる。

限界貯蓄性向（MPS）＝貯蓄の変化／所得の変化＝$\Delta S／\Delta Y$

表10-2によっても明らかなように一般的に所得が上昇するにつれて消費の増加分はしだいに減少し，貯蓄にその分だけ向けられるため貯蓄の増加分は上昇していく。すなわちMPCは所得の増加とともに低下していくのに対してMPSはしだいに上昇する。平均消費性向と平均貯蓄性向との間の関係と同様に，限界消費性向と限界貯蓄性向は対をなしており，所得の変化は消費の変化か貯蓄の変化に向けられるものであるため，

$$MPC + MPS = 1$$ と表わせる。

前述のように所得を消費した残りが貯蓄（S ＝ Y-C）あるから，最も単純な貯蓄関数の例は，前述の消費関数の例 C ＝ 10 ＋ 0.8Y を用いれば，

$$S = Y-C = Y-(10 + 0.8Y) = -10 + 0.2Y$$

として表される。なお，一般的な消費関数はC ＝$f(Y)$と表されるように，貯蓄関数も所得のみに依存して決まるから

$$S = Y-C = Y-f(Y)$$

となり，これも一般的な形S ＝$f(Y)$として示される。なお，消費関数の例C ＝ 10 ＋ 0.8Yから導かれる最も単純な貯蓄関数の一例 S ＝ -10 ＋ 0.2Yは図10-4のように描ける。

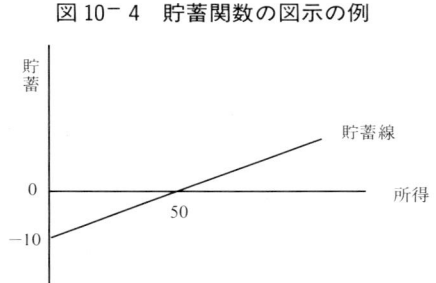

図10-4 貯蓄関数の図示の例

第3節　均衡国民所得はどのようにして求めるか

1　国民所得の求め方とは

　ケインズ理論に基づいて，すなわち有効需要の原理による方法にもとづいて均衡国民所得を求めてみよう。

　この方法によれば，前述したように総需要が総産出高（GDP）に等しいところで決まる。投資（I）と政府支出（G）は一定であるから総需要は図10-5においては横軸に平行線として表されるが，これに消費（C）を加えた総需要（＝C＋I＋G）は消費線（C＝f(Y)）と平行な右上がりの直線として描かれる。消費は所得の増加に伴って増えるからである。

　この所得と消費の関係を消費関数として，ここでかりに消費関数をC＝α＋βY，投資は一定（I）＝I_0，政府支出も一定（G）＝G_0とおけば，GDP＝Yであるから，

　　　Y＝C＋I＋G＝α＋βY＋I_0＋G_0

これは，(1－β)Y＝α＋I_0＋G_0

となるから，Yの値，すなわち，均衡国民所得はつぎのようにして求められる。

　　　Y＝(α＋I_0＋G)／(1－β)

図10-5　国民所得の決定

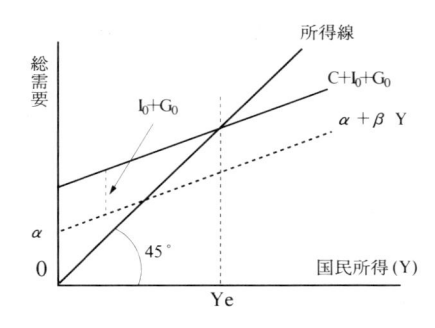

このYの値が図10-5におけるYeに等しい。βは限界消費性向（MPC）である。

計算例：次の条件のもとでA国の均衡国民所得またはGDPを求めよ。

　A国の消費関数C＝20＋0.75Y，投資（I）＝30，政府支出（G）＝10とする。なお，この場合，閉鎖経済とする。

回答：Y＝C＋I＋Gに上記の条件を代

第3節　均衡国民所得はどのようにして求めるか　　153

入する。

$$Y = 20 + 0.75Y + 30 + 10 = 60 + 0.75Y$$

よって　$Y(1-0.75) = 60$

$$Y = 60 / 0.25 = 60 \times 4 = 240$$

均衡国民所得　$Y_e = 240$

2 需要水準の変化が景気を左右する

　いままで総需要の大きさがGDPや国民所得の大きさを決めることをみてきた。経済学では需要と供給の両面があってはじめて経済の均衡をもたらすのであり，この2つはどちらも重要である。しかし過去のわが国経済の好況や不況をみると，多くは需要の好調，需要の停滞によってもたらされたと考えられている。この経済全体の需要水準の変化が景気変動を引き起こし，また景気動向によって需要が左右される。

　たとえば，市場に現れた新製品のDVDが爆発的に売れて販売店からメーカーに10億円の注文が出されたとしよう。これは消費（C）の増加であり，需要の増大となる。受注したメーカーは工場を拡張する，従業員を増やす，また下請け部品メーカーに注文を出して生産を増やすなどによって対応する。生産設備の増加は投資（I）の増加となり，メーカーの利潤の増加や新たに雇用された従業員の賃金増加，下請けメーカーの利潤などの所得増加を生み，これは消費の増加に導く。消費の増加は生産増を招き，このほかにも企業同士の中間財取引などから生じる所得や生産の増加とその波及効果は経済全体ではきわめて大きい。

　このように需要水準の上昇は，企業の生産増加に結びつき，従業員の所得を増加させることになる。所得が増えるにつれて消費も増える。どのくらい消費が増えるか決めるものが限界消費性向である。この値が大きいほど経済全体におよぶ波及効果が大きくなり，生まれる所得も乗数的に拡大する。したがって需要が伸びて景気が上向きになれば，限界消費性向が大きいほど加速度的に景気を良くすることになる。しかし逆に需要が低下して景気が下降気味になれば，売上げ減少，従業員の削減，生産縮小を招きこれはさらに需要を引下げ，景気を

さらに悪化させるように働く。

3 経済政策の効果は波及的に拡大する：乗数過程と乗数理論

不況のときは需要水準が低いのであるから、景気を回復させるには需要を引き上げる方策を考えなければならない。需要を引き上げて生産拡大と所得増加に導き、これがつぎの派生的需要を生み出すしくみはつぎのようなプロセスを辿る。

前述の10億円の注文増加は、かりに限界消費性向が0.8であるとすれば、受注した企業が8億円（＝10×0.8）を下請け会社に注文を出すと考える。このことは、下請け会社は生産増によって8億円の所得が発生したことになり、この会社はまた子会社に6.4億円（＝8×0.8）の部品の発注をする。この子会社は発生した所得6.4億円のうちの8割（6.4×0.8＝5.12億円）を別の会社に発注する。このように派生的需要が次々に生産増と所得増をもたらし、それがさらに需要に導き、それが所得増につながっていく。この結果、最初の10億円はつぎのような仕組みによって最終的に乗数倍（このときは5）に増え、経済全体で50の所得を生む。

$$10 + 10 \times 0.8 + 10 \times 0.8 \times 0.8 + 10 \times 0.8 \times 0.8 \times 0.8 + \cdots\cdots$$
$$= 10 \ (1 + 0.8 + 0.8 \times 0.8 + 0.8 \times 0.8 \times 0.8 + \cdots\cdots)$$
$$= 10 \ (1 + 0.8 + 0.8^2 + 0.8^3 + \cdots\cdots + 0.8^\infty)$$
$$= 10 / (1 - 0.8) = 10 \times 5 = 50$$

これは初項10、公比0.8の無限等比級数の和である。

ここで乗数は以下のようにして求められる。

乗数 $= 1 / (1 - MPC) = 1 / (1 - 0.8) = 5$

上の例は、投資が10億円支出されたときの所得の増加は投資乗数5として算出した場合である。また消費が10億円増加した場合、生まれる所得増加分でもある（このとき限界消費性向＝0.8）。あるいは不況時に需要拡大のために財政政策を発動し、政府支出を増加させると政府支出の乗数倍の所得増加が期待される。政府が公共事業（公共投資）によって景気回復をはかることはしばしば

行われる。

4 節約のパラドックス

　ミクロの個人レベルでは節約は美徳とされ，消費を押さえ，貯蓄を増やすことが奨励される。これは本人が将来豊かになるための財産形成にとっても望ましいこととされる。

　しかしマクロ・レベルにおいては，国民が一様に消費を控え，貯蓄を増強させるとすれば，国全体の総需要水準は低下することになり，有効需要の原理によって結果的に国民所得は減少することになる。豊かになるために貯蓄を増やすことが，国全体では結果的に所得の低下を招きかねない。このことを節約のパラドックスという。とりわけ不況期における消費の減退は投資意欲を抑え，総需要水準を引下げ，不況をますます悪化させることになる。したがって不況期には減税し，可処分所得を増やすとか，投資意欲を刺激するなど消費や投資を増加させ，需要を喚起する政策を実施しなければならない。

第11章　民間の投資活動と国民経済に与える政府の役割を考える

担当・片平光昭

キーワード＝設備投資, 在庫投資, 住宅投資, 公共投資, 粗投資と純投資, 投資の限界効率, 投資の利子弾力性, ビルトイン・スタビライザー, フィスカル・ポリシー, 政府支出乗数, クラウディング・アウト効果

はじめに

　本章では，投資とは何か，企業は投資量をどのように決めるのか，またそれはどのような要因によって影響されるのか，などを中心に考察していく。あわせて政府は国民経済に対してどのような働きをしているかについても言及する。
　「投資」(investment) とは，生産者が将来の収益を期待して新たに物的資産（固定資本財）を購入することをいい，ある一定期間（通常は1年間）の固定資本ストックの増加分のことである。投資はまた「資本形成」(capital formation) ともよばれる。経済学で用いられる投資の概念は，企業の生産活動に用いられる財貨の購入のことであって，新聞やテレビのニュースなどに使われている意味とは異なることに気をつける必要がある。それは諸君が日常生活でしばしば耳にする株式投資とか不動産投資の場合の投資とは異なることに注意してほしい。
　家計や企業が株式や債券を購入する目的は，配当や利子を得るためなど自分の金融資産をより有利な形で運用しようとする資産選択の行為であって，生産活動のためではない。また土地や家屋などの不動産の購入も（生産を目的にしたものを別にすれば），値上がり後に売却してその差益すなわちキャピタル・ゲインを取得するためのものであれば，これも生産活動によって収益を獲得するための投資とは区別しなければならない。

そこではじめに,経済学で用いられるさまざまな種類の投資を取り上げ,その意味を吟味しておこう。

第1節　投資にはさまざまな種類がある

1　設備投資

　設備投資とは,生産者が生産や販売を拡大するために,あるいは労働力を節約する目的で,生産設備を購入することである。すなわち工場や店舗などの建築物,機械や輸送用車両,その他生産・販売のためのさまざまな機器を購入するために資金を投入することである。この投資の増加,特に民間の設備投資の増加は,第10章の国民所得の決定あるいは投資乗数効果のところでも見たように,需要面で総需要を増やす所得創出効果を持っていて国民所得水準に大きく影響を与える。また一方で設備投資の増加は,供給面で生産能力を拡大させることから産出能力効果も持っている。このように需要と供給の両面における投資の効果は「投資の二重効果」と呼ばれている。

2　在庫投資

　在庫投資とは一定期間における在庫品の積み増しを意味し,「国民総支出」の構成の「在庫品増加」にあたる（139ページ,表9−4参照）。生産者は生産や販売をスムーズに継続するために,原材料・仕掛品・製品など適正な一定量の在庫を保有していなければならない。ところで生産者がこれからの景気が上昇し,売り上げが増加すると見込んだ場合には積極的に在庫を積み増すであろう。これが「意図した在庫投資」である。反対に,期待した売り上げが伸びず売れ残った在庫の増加は「意図しない在庫投資」である。この予期しない在庫品の増加が生ずる場合,企業は適正在庫水準に戻すために次期の生産を縮小しなければならない。このような在庫調整が行われている間は新たな設備投資も起こらず,生産活動も停滞する。

ところで最近の情報技術（IT）の進展に伴って，各企業は顧客の購買動向にすばやく反応して，必要なときに必要な量を生産し販売する生産管理・物流システム（ジャストインタイム，POSなど）を採用することによって在庫管理を徹底させたりできるだけ在庫を持たなくする傾向が強く，在庫品増加の動向で単純に景気判断できないことも付け加えておこう。

3　住宅投資

住宅投資とは，家計が住宅の建設や購入のために資金を投入することである。家計は消費する主体であるが，その家計が住宅を購入する場合は消費ではなく投資として扱われる。これは一般の消費財は短い期間で使われてしまうのに対して，住宅は長期間にわたって使用されるからだけではない。設備投資や在庫投資が生産活動によって収益を生み出すのと同様に，住宅投資も住人に対して長い期間にわたってその住宅から効用（住宅用役）を産み出すものと考えられるからである。この住宅投資とくに住宅新築の動向は，建設・土木企業への影響だけではなく，内装，照明，キッチン，造園などさまざまな住宅関連企業の売り上げにも大きな影響を与える。

4　公共投資

今までは主に民間企業などが行う投資について説明してきたが，政府部門も投資活動を行う。公共投資とは政府部門が道路，港湾，河川の堤防，ダムなどさまざまな公共施設などを作ることである。収益の獲得を目的とした民間投資とは異なり，公共投資は国土の保全，国民の安全や便益を目的として行われる。

現在，公共投資のより効率的な運用が求められているのと同時に，時代の変化に応じて，情報社会に対応するため情報ネットワークの社会的基盤の構築，自然環境・生活環境の保全，少子・高齢化社会への対応のための公共投資がより求められている。また，本章の第3節でよりくわしく説明されるが，公共投資はフィスカル・ポリシーの1つとして有効需要創出の手段としても重要である。

5 粗投資と純投資

前に述べたように、投資とは新たに物的資産（固定資本財）を購入することをいい、ある一定期間（通常は1年間）の固定資本ストックの増加分のことである。ところで企業が保有している建築物、機械や種々の設備などの固定資本ストックは、生産にともなって毎年その価値は減耗していく。たとえば耐用年数10年の機械を1億円で購入した場合、会計計算上、毎年その機械の価値は定額的に1千万円ずつ資本減耗（減価償却）していくことになる。

そこで、1年間実際にどれだけ固定資本の純増加が行われたかを見るためには、固定資本ストックからその年の固定資本減耗分（減価償却費）を差し引かなければならない。この固定資本の純増加分を「純投資」（あるいは「新投資」）といい、固定資本減耗分を含む「粗投資」（あるいは「総投資」）とは区別される。すなわち

　　　純投資＝粗投資－固定資本減耗分

である。また、固定資本ストックの減耗分を補塡するための投資を「更新投資」（あるいは「補塡投資」）という。

6 独立投資と誘発投資

第10章の国民所得がいかに決定されるかという問題を考える際に見たように、消費や貯蓄の大きさは国民所得の変化にともなって変化するものであった（内生変数）。これに対して、投資は国民所得の変化に依存しないで、国民所得モデルの外で外生的に生まれてくる要因によって決定されるものとして扱われていた。このように分析対象の経済モデルにおける内生変数に依存しないで外生的要因によって決まる投資を「独立投資」という。これに対して、国民所得や消費の変化（内生変数の変化）によって誘発される投資を「誘発投資」という。

ところで、「投資乗数」は独立投資の増加が消費支出の波及効果を通じて新たにどれだけ国民所得を増加させるかを示す倍数であったが、国民所得や消費需要が増加した場合その何倍の誘発投資が発生するかを示す倍数を「加速度係数」

という。この点については後でもう一度触れる。

第2節　投資規模を決める要因と
　　　　　メカニズムを考えてみよう

1　企業に投資を決意させる要因は何であろうか

　生産や販売の拡大を目指す企業とか生産者に，新たに機械を購入させたり新店舗を開設させたりする要因は何であろうか。

　生産者にある一定額の資金を投じさせて新たな投資を決意させる要因を「投資誘因」というが，生産者にとって最大の投資誘因は，新たに投資された資本設備（資本財）から毎年得られるであろうと期待される予想収益率と，投資資金の借り入れ費用を示す市場利子率との関係で決まってくる。ケインズは資本財1単位あたりの予想収益率を「資本の限界効率」と呼んだ。ここではこの資本の限界効率を「投資の限界効率」で表示する。

　生産者が新たに資本財の購入を決意するためには，この資本財の耐用期間を通じて生み出すと予想される収益力を示す「資本財の需要価格」と，この資本財を購入するのに必要とされる費用を示す「資本財の供給価格」を比較しなければならない。資本財の需要価格がその供給価格より高ければこの投資は実現したほうが有利である。逆に供給価格が需要価格を超えていればこの投資は実現されない。

　この資本財の需要価格（D）と供給価格（S）は，どのように計算されるかを参考のため簡単に示しておこう。

　今この資本財の耐用年数をn年とし，この期間を通じて年々得られると期待する予想収益の系列を $Q_1, Q_2, \ldots\ldots Q_n$ で示すと，それぞれの年における予想収益の現在値は，現行の市場利子率で割り引いて，

第2節 投資規模を決める要因とメカニズムを考えてみよう

$$D = \frac{Q_1}{(1+i)} + \frac{Q_2}{(1+i)^2} + \cdots\cdots + \frac{Q_n}{(1+i)^n} \quad \cdots\cdots ①$$

となる。このDの値が資本財の需要価格を意味する。たとえば単純な例で、ある機械設備の耐用年数が1年で、その年に期待される予想収益が105万円、市場利子率が5％であるならば、この機械の現在値は100万円である。

次に、投資の限界効率（m）は予想収益の系列 $Q_1, Q_2, \cdots\cdots Q_n$ の現在値をその資本財の供給価格Sに等しくさせる割引率である。したがって投資の限界効率（m）は、

$$S = \frac{Q_1}{(1+m)} + \frac{Q_2}{(1+m)^2} + \cdots\cdots + \frac{Q_n}{(1+m)^n} \quad \cdots\cdots ②$$

という関係を満たす割引率と示すことができる。

この①式と②式から、D＞Sである場合はm＞iで、将来得られると期待される収益率を示す投資の限界効率がその間のコストである市場利子率より高くなり、生産者にとって投資を実現させることで収益が得られることとなる。反対にD＜Sの場合はm＜iとなり、投資を見合わせたほうがよい。

2 投資の限界効率と利子率の関係を考えてみよう

いままで述べてきたことについて、いまグラフを用いて簡単に説明してみよう。いま縦軸に投資の限界効率mと市場利子率iを、横軸に投資量Iをとり、投資の限界効率と投資量の関係を見ると、図11－1のような右下がりの直線で示すことができるであろう。これを「投資の限界効率表」という。

この右下がりの直線は、投資が増加すればするほど、投資の限界効率は低下する傾

図11-1 投資の限界効率表

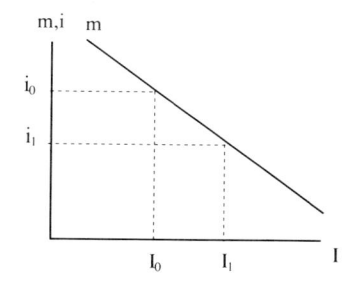

向があることを示している。このことは次のように考えられる。

　企業はさまざまな投資プロジェクトをもっている場合，その実現にはもっとも収益性の高いプロジェクトから実行に移す。2番目のプロジェクトの実行は最初の予想収益よりやや落ちると考えられるであろう。また，投資の増加によって市場における生産物の供給が増大し，生産物の市場価格の下落をもたらし予想収益を低下させるであろう。そのために投資が増加するにしたがって投資の限界効率は低下する傾向にあると考えられる。

　たとえばいま，あるコンビニエンス・ストアが販売網の拡大のため，新たに5店舗の出店を計画しているとしよう。このコンビニは，顧客情報，土地の価格や地代などあらゆる市場調査の結果，もっとも立地条件がよく予想収益の高い場所に1番目の店舗開設を計画する。5番目の店舗は当然5店舗のうちもっとも低い予想収益になるであろう。他方，コンビニ市場で出店が多くなれば他社との競合が起こり，顧客獲得や価格競争も激しくなるであろう。その結果，売上額も予想収益も減少し，投資の増加につれ投資の限界効率は低下すると考えられる。

　さて，もう一度図11-1のグラフにもどろう。経済全体で無数にある投資プロジェクトの結果，図に示されたような形状の投資の限界効率表が与えられたものとする。いま現行の市場利子率がi_0のとき，$m=i$となるような投資量は，市場利子率i_0と投資の限界効率表との交点に対応しているI_0である。また市場利子率がi_1のときの投資量はI_1になる。このように市場利子率と投資の限界効率が等しいところで投資量が決定される。

3　投資を変化させる要因は何であろうか

　上で見てきたように，一定の投資の限界効率表が与えられた場合には，市場利子率が低下するほど投資は増加するものであった。このことは「投資の利子弾力性」の概念でいえば，その値が大きく，市場利子率の変化に投資がより敏感に反応する場合を想定していることを意味する。

　投資の利子弾力性とは，市場利子率が変化するときに投資がどれだけ変化するかを示す割合である。これは投資の限界効率表の傾きで表される。利子弾力

性が大きい場合，すなわち投資の限界効率表の傾きがなだらかな場合は，利子率の変化が小さくても投資の変化は大きく影響される。逆に投資が利子率の変化に非弾力的であれば，投資の限界効率表は垂直に近い形状になり，投資の変化は小さくなる。このことは，企業が投資資金を内部留保で調達し，また投資費用の利子負担を縮小したりする場合に見られる。

もう1つ投資を変化させる要因として，企業が抱く予想収益に対する期待の強弱である。企業が，これからの景気が上昇して将来の予想収益に楽観的な見通しを持てば，図の投資の限界効率表は上にシフトして投資を拡大させることになる。反対に不景気を予想して将来の予想収益に悲観的な場合は，資本の限界効率表を下へシフトさせて，たとえ市場利子率が低くても投資を減退させる。

このような企業の投資意欲（企業マインド）の減退は，バブル経済崩壊後の日本経済の低迷にも見られる。グローバル化の進展によって安い輸入品が増加し，情報技術（IT）の進歩や流通革命などによる企業間の競争が激化したことによって，物価が持続的に下落するデフレーション状態が続く。それと同時に失業率の上昇や賃金の低下によって消費需要も落ち込み，企業の売り上げも減少傾向が続く。このような状態では企業の将来に対する見通しは悲観的になり，企業マインドが消極的になるのはやむを得ないであろう。この投資意欲の減退は低金利にもかかわらず設備投資を減少させ，ますます景気回復を遅らせることになる。

最後に，投資の決定理論としてもう1つの有力な理論である「加速度原理」について簡単に触れておこう。この理論は，国民所得や消費の増加が生産の増加をもたらし，そのために資本ストックの増加（投資）を引き起こすというもので，国民所得の増加と資本ストックの増加との間の一定比率，すなわち加速度係数に関連づけて投資決定を説明するものである（第1節　誘発投資の項を参照）。この「加速度原理」は「乗数理論」と結びついて景気循環を説明する有力な理論として展開される。

その他に，投資を望ましい固定資本ストック水準と現実の水準とのギャップから分析する「ストック調整原理」，株価など企業の市場価値に関連づける

「トービンのq理論」などがあるが，ここでは理論名を挙げるだけにとどめる。

第3節　政府が国民所得に及ぼす影響を見てみよう

1 財政はどのような役割を果たしているのだろうか

　財政（public finance）とは，国（中央政府）や地方公共団体（地方政府）がその目的を達成するために行う経済活動である。政府は企業や家計とともに国民経済を構成する主要な経済主体の1つであるが，利潤最大化を追求する企業や効用最大化をめざす家計の民間経済主体の経済活動とは，次の点で異なる。

　政府のさまざま経済活動は，利潤追求を目的に行われるのではなく公的便益を提供するためのものである。その目的のために使われる財やサービスの購入資金の調達（財政収入）は，租税の徴収のように公権力にもとづいて強制的におこなわれる。もちろん財政収入には強制力を持たない公債発行によるものもあるが，その中心は強制をともなう租税収入である。

　また民間の経済活動と異なる点は，財政活動の領域の問題である。すなわち，民間経済主体の活動の場である市場に任せていても公的便益を生み出す財やサービスが供給されない場合，たとえ供給されたとしても非常に非効率的であり，またさまざまな弊害が発生する場合（市場の失敗）である。このような領域の財やサービスは，政府自らが政策的に社会の必要な水準まで供給しなければならない。

　ところで財政の役割には，公共財の供給，所得再分配，経済安定化の3つの機能が上げられるので，これを説明しておこう。

　公共財の供給　公共財（公共サービスも含む）とは，政府（中央政府および地方政府）が提供し，不特定多数の人々が利用する財やサービスで，具体的には国防，外交，司法，教育，道路，港湾施設，社会福祉施設，公園など，種々の公共的な財やサービスである。

　この公共財は，私的財と違った2つの特性を持っている。1つは非排除性の特

性である。公共財は各個人に対してだれかれと区別して供給されるものではなく、それを利用する人はすべて共同で利用できるもので、その共同消費から特定の個人を排除することはできない。たとえば私的財であるコンサートではそのチケットを購入した人のみ入場を許可し、チケットを持っていない人には入場を拒否することができる。これに対して灯台の明かりは安全な航海のためにすべての船舶が利用でき、たとえ外国の船舶であっても排除することはできない。

公共財のもう1つの特性は非競争性である。公共財はある人がいくら消費しても、私的財のように他の人の消費が減少してしまうものではない。たとえば道路や公園の利用者はいくら大勢で利用したとしても、他の人の利用できる量が減るわけではない。

このような公共財の供給は、前述したように利潤獲得を目的とした民間経済では供給しえないため、政府が望ましい社会的水準を見きわめて提供しなければならない。このことは民間経済において労働力や土地などの資源配分が非効率である場合、財政活動を通じて資源の配分を民間部門から公共部門へ効率的に配分させる機能（適正な資源の配分機能）を持つことを意味する。

所得の再分配　現在の財政には、累進課税制度や社会保障制度を通じて所得を再分配する機能が組み込まれている。所得の再分配とは、国民の間で高額所得者と低額所得者との所得のひずみを是正し、公正な所得分配を目指して個人間の所得格差を平準化させることである。このような機能は、財政の収入においては累進課税である所得税、住民税や相続税が、また支出においては社会保障関連の支出が大きな再分配効果を持っている。累進課税制度は、経済状態の恵まれた高額所得を得ている人の所得には、課税の対象になる所得が多くなるほど高い税率が課税される制度である。このように累進課税によって徴税された収入は、生活保護、雇用保険、医療保険や年金などの社会保障を通じて恵まれない低所得者に移転され、所得の再分配が行われる。

経済の安定化　自由主義経済では、市場機構を通じて需要と供給が調整されまた資源配分が適正化されるが、時としてその市場メカニズムが働かず、また働いてもかなり時間がかかる時には経済は不安定になる。そ

の場合には政府は市場経済に介入して経済の安定化を図らなければならない。物価の安定，完全雇用の維持，あるいは国際収支の均衡などを達成するために，政府は財政支出を増減したり，増税や減税を通じて有効需要を調節して景気をコントロールしている。また政府は，安定的な経済成長を達成するため生産の基礎になる社会的基盤の整備を行い，産業育成のために補助金を支給したりして市場機構を補強している。

なおこの経済の安定化については，後述する補整的財政政策のところでもう少し詳しく説明する。

2 財政の役割に対する考え方は変化してきた

アダム・スミス以来の古典学派は，経済の安定や資源の配分は市場の調整機能（市場メカニズム）に任せて，政府は民間経済の自由な活動に干渉すべきではないと主張した。ここでの政府の役割は，民間の自由な経済活動では提供されない国防，外交，警察，司法などに専念すべきだとする「夜警国家観」，あるいは財政規模の小さい「安上がりの政府」が望ましいとする政府の役割である。政府は民間の租税負担もできるだけ軽減し，「入るを測りて出ずるを制す」の財政均衡主義の政策を追求すべきとする。

これに対して，ケインズは1930年代の大恐慌の原因は有効需要の不足であって，この大量の非自発的失業の発生は市場メカニズムでは解消できないとし，政府の積極的な財政政策を主張した。この政府主導の有効需要政策は戦後の福祉国家論と結びついて，経済の安定と国民生活の維持のためには政府が責任を負うべきだという考え方が主流となった。政府の役割は，産業の発展，持続的な成長の維持，物価の安定，，雇用の拡大，社会保障の充実などさまざまな分野に拡大し，この結果，「大きな政府」が出現した。

この結果，戦後は恐慌や大量失業の発生は見られなくなり一定の生活水準も維持できるようになったが，1970年代にはスタグフレーション（不況下の物価上昇）が先進各国を悩ませ，「大きな政府」の矛盾を露呈するにいたった。少子高齢化が進み，税金や社会保険料の国民負担率も増え，最近は政府の活動範囲を

限定する「小さな政府」をめざす動きが加速されている。

3 財政政策は経済にどんな影響を与えているのだろうか

経済の安定や経済成長を遂げるための財政政策は、大きく分けてビルトイン・スタビライザー（自動安定装置）と補整的財政政策（フィスカル・ポリシー）の2つがある。

ビルトイン・スタビライザー（自動安定装置） 現代の財政には、景気の変動を自動的に調整し安定に導く機能が制度的に組み入れられている。所得の再分配のところで述べた所得税や住民税などの累進課税制度と、生活保護や雇用保険などの社会保障制度がこの自動安定装置である。

つまり、いま好況期で所得が増加してくると累進課税制度によって租税負担が増し、それが消費や投資を抑制して有効需要の減少につながる。また好況期では失業が減ることよって雇用保険（失業保険）の給付金や生活保護費などの社会保障支出が減少し、このことも有効需要を抑え景気の過熱を防止する。一方不況期においては好況期の逆で、累進課税によって所得の減少を緩和し、また失業の増加による雇用保険の支払いや生活保護費の支出が増えてこれも有効需要の落ち込みを抑え、景気の悪化に一定の歯止めとなる。

補整的財政政策（フィスカル・ポリシー） フィスカル・ポリシーとは、政府が財政の積極的な運用によって、経済の安定、経済成長の持続、完全雇用の維持、物価の安定などのために行う財政政策である。不況期には、減税や公共事業のために政府支出を増加させるなど、景気を積極的に刺激する財政政策を採用して、有効需要の増加を促進する。もしもこの積極財政のための財源が租税収入でまかなわれない場合は、一時的に公債を発行してその財源を確保する。反対に景気が過熱して物価が上昇している時は、増税や政府支出の削減によって有効需要を抑制し景気の安定化を図る。

この積極的な財政政策の継続は、財政を肥満化させる危険性があり、また中央政府がその財源を安易に国債発行に頼ると公国債残高は増加する。多額な国債

残高の累積は，後の世代の負担を増やすことになるとともに，毎年支出しなければならない国債費（償還と利子支払い）を増加させて政策的な経費を圧迫し，財政の硬直化を招きやすくなる。

　最後に，政府支出の増加や減税・増税が国民所得に与える効果についても簡単に見ておこう。第10章の「乗数過程と乗数理論」（154ページ参照）で説明されたように，投資の増加は1／（1－限界消費性向）倍だけ国民所得を増加させる効果を持つ。政府支出の増加も投資乗数効果と同じように国民所得を増加させる効果を持っている。いま政府支出（外生変数）の増加分をΔG，国民所得の増加分をΔY，限界消費性向をcで表せば，

$$\Delta Y = \frac{1}{1-c} \Delta G$$

となる。この式の1／（1－c）が「**政府支出乗数**」であり，政府支出の増加は投資乗数と同じ乗数倍の国民所得を増加させる効果を持つことがわかる。

　政府の活動が国民所得に与える効果は政府支出の変化だけではない。租税の変化，すなわち減税や増税によっても効果が現れる。たとえば，減税がこのような作用を持つのは，減税分だけ可処分所得を増大させ，これが消費支出の増加を通して乗数効果をもたらすからである。これを「減税の乗数効果」という。また反対に，増税は「増税の乗数効果」によって消費支出を減退させ，国民所得水準を低下させることになる。ところで，増税によって得た租税収入を同時に同額だけ政府が支出した場合，すなわち均衡予算の原則が適用された場合は乗数の値が1に等しく，政府支出（増税）の額とちょうど同じだけの国民所得の増加がもたらされる。これが「均衡予算の乗数効果」と呼ばれるものである。

政府支出とクラウディング・アウト効果　クラウディング・アウト効果とは，政府支出の増大が利子率を引き上げ，それが民間投資の一部を抑制してしまう現象をいう。上の財政支出乗数効果でも見たように，政府支出の増加は利子率の変化がなければ，乗数効果を通じてその乗数倍の国民所得の増大をもたらす。しかし政府支出の増加に相当する資金の調達を国

債発行でまかなう場合，しかもその国債を市中消化によってまかなう場合，市中の資金が不足して利子率を上昇させることになる。この利子率上昇は民間投資の一部を減少させ，投資乗数効果を減殺させて国民所得の低下をもたらしてしまうであろう。このクラウディング・アウト効果は，利子率の変化に対して投資が敏感に反応する場合，すなわち投資の利子弾力性が高い場合，その効果がより強く現れる。

第12章　貨幣市場と利子率の関係を考えてみよう

担当・片平光昭

キーワード＝物々交換, 物品貨幣, 鋳造貨幣, 信用貨幣, 預金通貨, 取引動機, 投機的動機, ハイパワードマネー, 公定歩合, 公開市場操作, 預金準備率, 信用創造, 貨幣乗数, 流動性選好

はじめに

　現代のような高度に発達した貨幣経済においては，日々の生産や消費などの経済活動は，経済の血液ともいわれる貨幣の働きがなければ一日たりとも成り立たない。たとえば，われわれが働いた報酬として得る所得は貨幣の形で受け取る。この貨幣所得によってさまざまな財やサービスを購入するが，その代金は一般に貨幣で支払われる。このようにものの取引や交換は貨幣を用いることによって円滑に進められる。またわれわれは財やサービスの値段が高いか安いかを，貨幣によって示される金額で判断することができる。あるいはわれわれが「お金持ち」という場合，お金すなわち貨幣を多く所有していることで豊かさを示していることになる。このようなことからも貨幣はいろいろな働き（機能）を持っていることがわかる。

　貨幣が存在しない原始的な経済を考えてみよう。そこでは自分の欲望を達成するための取引は物々交換（バーター）に頼ることになる。いま，自分が必要としている以上の魚を持っている人が塩を欲しているとしよう。この人は余っている魚を塩と交換したいのだから，塩を持っている人を探せばよい。しかし塩を持っている人を探し出したとしても，必ずしも交換が成立するとは限らない。なぜならば交換が成立するのは，塩の所有者が魚を欲しがっている場合に限定

されるからである。このように物々交換経済での取引は，自分と取引相手とがそれぞれの所有しているものをお互いに欲しているという，いわゆる「欲求の二重の一致」が偶然に成立したときにのみ実現することになる。この物々交換経済は，取引に多くの時間を要し，またその範囲も狭くならざるをえない。この不便を解消したのが貨幣であり，この貨幣の出現によって効率的な取引が拡大し，市場経済の規模も大きくなっていく。

この章では，まず貨幣はどのように変化してきたか，貨幣はどのような機能を持っているか，人々はなぜ貨幣を保有しようとするか，あるいは貨幣がどのように供給されるのか，などについて考察してみよう。また貨幣の価格である利子率はどのように決まるかを分析し，あわせて金融政策が国民経済に与える効果も見ることにしよう。

第1節　貨幣とは何を指すのだろうか

1　貨幣の変遷

貨幣の初期の段階では，物と物との交換を媒介する手段として「物品貨幣」が用いられた。物品貨幣とはその物品自身が固有の使用価値を持ちながら，他方で交換の手段として貨幣の働きもしているものであり，それは「商品貨幣」「自然貨幣」とも呼ばれている。地理的条件や社会的条件によって異なるが，家畜，毛皮，穀物，塩，布などの生活必需品，宝玉，貝殻などの装飾品，金，銀，銅などの金属が交換手段の物品貨幣として用いられた。

しかしその中から，質が変化しない，持ち運びしやすい，だれもが欲しがる，細かく分けることができるなどの性質を持つもの，すなわち同質性，耐久性，分割可能性，運搬便利性，識別性あるいは希少性にすぐれた適性を持っている金属，特に金や銀がその中心になり「金属貨幣」の時代になる。この金属貨幣もはじめの段階では，取引のたびにその重量を秤に計って用いられた秤量貨幣であったが，その不便さを解消するため，やがて一定の重量と含有量を有する金属を一

定の形態に鋳造する「鋳造貨幣」(鋳貨)がその中心の位置を占めるようになった。金貨や銀貨がそれである。

　経済取引がますます拡大し複雑になるにしたがって、貨幣は「信用貨幣」の時代を迎える。信用貨幣(名目貨幣ともいう)は、金貨や銀貨のように貨幣自体が示す素材価値を持ってはいないが、その発行者の信用に支えられて流通する貨幣であって、その代表が紙幣である。紙幣に表示された額面の価値と紙幣そのものの素材価値(紙切れ)とはまったく一致していない。そこで紙幣の信用を確実なものにするため、紙幣の発行者はその紙幣に表示された金額と同じ価値の金や銀と取り替えることができる「兌換紙幣」が発行された。もちろん管理通貨制度の下で現在われわれが使用している紙幣は、金や銀との兌換性を持たない「不換紙幣」であり、それは法律によって保証され(法貨)、だれもが一般的にその受け取りを認めて流通しているものである。

　現在の貨幣のもう1つの通貨は「預金通貨」である。預金通貨は、普通預金、当座預金や通知預金といった要求払預金のことで、これらの預金は口座振替や小切手の振り出しによって現金通貨と同様に支払手段として用いることができる。たとえばA氏がB氏に取引代金として100万円を支払う場合を見てみよう。A氏は自分の取引銀行の当座預金から100万円の小切手を振り出してB氏に手渡し、B氏はその小切手を自分の銀行口座に振り込めば、銀行間でA氏の口座からB氏の口座へ100万円が移動することでこの支払いが決済されたことになる。このような口座振替や小切手による支払いは、多額の現金を持ち運びする不便さやそれに伴う危険性を排除することができる。

　最後に、最近注目されている「電子マネー」について触れておこう。IT革命の進展によって、これからますます電子商取引(eコマース)の普及は拡大していくであろう。電子マネーとは、この電子商取引などにおける決済手段としてネット上を流通する電子情報化された貨幣のことである。近い将来、不正使用などに対するセキュリティーの確保、ルールの確立、インフラの整備などの問題が解決されれば、利便性の高い電子マネーは大きく流通の幅を広げていくことが予想される。

2 貨幣の機能

 発展した現代の経済において，貨幣は一般的交換手段としての機能，価値尺度としての機能，価値貯蔵手段としての機能，の3つの基本的機能を持っている。

一般的交換手段　これは貨幣が財やサービスの交換を媒介する機能，すなわち一般的受容性を持つ貨幣が仲立ちすることによって取引が円滑に運ぶ機能をいう。前述したように，物々交換経済において取引が成立するのは，偶然に「欲求の二重の一致」が出会ったときに限られた。この不便な物々交換において，ある財やサービスをいったん貨幣に換えてこの貨幣で別の財やサービスを購入すれば，取引の時間を節約できるだけでなく，財を運んだり保管したりする費用も節約できる。たとえばある人がアルバイトをしてお金を稼ぎ，このお金で旅行したとしたら，このことはこの人の労働サービスとレジャーサービスとの交換を貨幣が仲立ちする機能を持ったことを意味する。

価値尺度手段　貨幣は，さまざまの財やサービスの価格を共通の計算単位で表示することによって価値尺度の機能も持っている。たとえばA財の価格が100円，B財が200円，C財が300円とすれば，それぞれの財の価値が「円」という共通の貨幣単位で表示され，それによってB財はA財の2倍，C財は3倍というようにお互いの財の相対的価値関係を示すことができる。ところでこの価値尺度手段として機能している貨幣は，かならずしも交換手段としての機能を持っているとは限らない。外国為替市場においてドルと円の交換比率を示す場合，たとえば1ドル=118円25銭のように表示されるであろう。また株式市場においても日経平均株価8511円75銭のように表示される。ここで使われる「銭」の単位は，外貨や株式の価値を示す計算単位として機能しているのであって，一般的に財やサービスの交換手段として機能しているものではない。

価値貯蔵手段　貨幣は，土地・家屋・貴金属あるいは株式などの資産と同じように，価値を貯蔵しておく手段としての機能も持っている。貨幣は一般的購買力があるので，貨幣を保有していればその価値と同等の財や

サービスを必要なときにすぐ手に入れることができる。貨幣以外の資産は，時間やコストをかけていったん換金してからでなければ別の財やサービスを購入することができないのに対して，貨幣が即時的な購買力を持っている。また貨幣以外の資産を保有する場合は，市場の動向によってその名目価値が変動するリスクをともなうのに対して，100万円の貨幣はいつまでも100万円でありその名目価値は変わらない（もっともインフレやデフレの場合はその実質価値が変化する）。この貨幣を保有しようとする動機は，次の節で詳しく説明される。

第2節　貨幣の需要とは何のことだろうか

前述したように，貨幣は時間やコストがかからない一般的購買力を持っている。この財やサービスに対する貨幣の即時的な購買力を「流動性」というが，人々が自分の資産を債券で保有すれば高い利子を獲得できるのに，その資産を利子が生じない貨幣で保有しようとするのはなぜだろうか。ケインズは人々の貨幣需要を「流動性選好」とよび，その保有動機を取引動機，予備的動機，投機的動機の3つに分類した。

1 貨幣の取引動機

個人や企業は，日々の生活や取引を円滑に行うため，ある一定の貨幣を手元に準備しておかなければならない。このような動機にもとづくものを「取引動機」という。これは人々が所得の受け取りと消費支出の時間的間隔を補うため，また企業が売上金の受け取りと費用の支払いの時間的なずれを調整するための貨幣需要である。

2 貨幣の予備的動機

「予備的動機」にもとづく貨幣需要は，個人も企業も病気や不測の事故あるいは予期しない支払いに備えて貨幣を保有しようとする場合である。

この(1)取引動機と(2)予備的動機にもとづく貨幣需要を合わせて「貨幣の取引

需要」と呼ぼう。貨幣の取引需要は，個人の所得が高いほど大きくなりまた企業の日々の経済取引が多いほど増大するので，マクロ全体から見ればこの貨幣の取引需要は国民所得の大きさに依存する。いま貨幣の取引需要を L_1，国民所得を Y で示せば，貨幣の取引需要と国民所得の関係は，

$$L_1 = L_1(Y)$$

という式で表すことができる。すなわち，貨幣の取引需要 L_1 は国民所得 Y の増加関数である。

3 貨幣の投機的動機

人々が，債券から得られると予想する利子収入と比較して，貨幣を保有しようとする場合，これを「投機的動機」にもとづく「貨幣の資産需要」という。ここでは債券と貨幣との選択において，現時点で債券を購入するよりも将来の購入がより有利であると予想する人は，現時点で貨幣の保有を選び，将来の債券購入の機会を待つであろう。すなわち貨幣の資産需要は，債券市場における債券購入の投機的チャンスに関連する貨幣需要である。

ここで債券価格と市場利子率の関係について見ておこう。この考察で対象となる債券はふつう確定利付債券と考えられ，この債券から毎年得られる確定利子は決まっているものの，債券市場で取引される債券の価格はその時々で変化する。いま毎年得られる確定利子を A，債券価格を B，市場利子率を i とすれば，債券価格と利子率の関係は，

$$i = \frac{A}{B}$$

という式で表すことができる。この式から債券価格と利子率の間には反比例の関係があることがわかる。すなわち，債券価格 B が上昇すれば市場利子率 i は下がり，債券価格 B が下落すれば市場利子率 i は上がるという関係である。

さて貨幣の資産需要にもどろう。いま利子率が低い（債券価格が高い）水準にあり，将来高まる（債券価格下落）と予想される場合は貨幣の資産需要は増加

する。なぜならば債券価格が安くなってから購入したほうが有利だからである。反対にいま利子率が高い場合は債券を選択したほうが有利なため，貨幣の資産需要は減少する。すなわち，貨幣の資産需要は利子率の減少関数で，貨幣の資産需要をL_2，利子率をiとすれば，

$L_2 = L_2(i)$

という式でその関係を示すことができる。

これらの3つの動機にもとづいた社会全体の貨幣需要をLとすれば，

$L = L_1(Y) + L_2(i)$

より一般的には，

$L = L(Y, i)$

という貨幣需要関数（流動性選好関数）を示すことができる。

第3節　貨幣の供給とは何のことだろうか

1 貨幣供給の範囲

あなたはいまどのくらいお金を持っていますかと聞かれた場合，なかなか即答するのがむずかしい。流動性の高い現金や預貯金はお金（貨幣）としてすぐに思い浮かべることができるが，信託や保険あるいは公社債や株式は含めていいのか戸惑うところである。

一国の貨幣供給量を定義するときには，政策的にも分析する上でも貨幣の範囲を定めておかなければならない。第1節の貨幣とは何かのところでも示したように，貨幣の供給は現金通貨と預金通貨の合計と考えられる。現金通貨は中央銀行（わが国では日本銀行）によって供給される。また普通預金，当座預金および通知預金などの要求払預金である預金通貨は市中銀行によって創り出される。これらの通貨にさまざまな種類の通貨を含めることによって貨幣の定義も異なってくる。

貨幣供給の基本的な定義は，現金通貨に預金通貨（要求払い預金）を加えたも

ので，M_1と呼ばれるものである。すなわち，
$$M_1 ＝現金通貨＋預金通貨$$
である。
　このM_1に定期性の預金（準通貨）を加えたものをM_2という。すなわち，
$$M_2 ＝現金通貨＋預金通貨＋定期性預金（準通貨）$$
となる。定期預金や定期積立預金などの定期性預金は現金化に時間がかかるが，途中解約などで容易に現金化が可能なので準貨幣として貨幣に含めている。
　このM_2に，市場で自由に売買できる定期預金であるCD（譲渡性預金 certificate of deposits）を加えたものを$M_2＋CD$といい，現在いちばん使われている貨幣供給の基本的指標である。またこれに郵便貯金や信託などを加えた$M_3＋CD$，さらに金融債，国債，外債などを含めたものを広義流動性と定義している。
　どの指標が貨幣供給の定義に最も適当なのかは，分析対象によって異なる。たとえば市場金利が低迷している場合は，定期預金からより有利な金融債や投資信託などにシフトしたり，また将来が不確実な場合は，よりリスクの少ない金融商品に資金が移ることもあるからである。

2　ハイパワードマネーの供給

　ハイパワードマネーとは，中央銀行によって供給された現金通貨と，市中銀行が支払いの準備として中央銀行に預ける中央銀行預け金の合計である。市中銀行は法定準備制度にもとづいて，預金残高の一定割合を支払準備として中央銀行の当座預金に無利子で預けなければならないが，この一定割合を「預金準備率」あるいは法定準備率という。このハイパワードマネーは中央銀行が直接コントロールできる貨幣量であり，それがまた経済全体の貨幣供給（マネーサプライ）の基礎になるもので，マネタリーベースとも呼ばれる。
　ところでハイパワードマネーとくに現金通貨の供給は，①中央銀行による市中銀行への貸し出し，②公開市場操作，③外国為替市場からの外貨買い入れ，などのルートを通して行われる。①は市中銀行が資金不足になった場合，手持ち

の国債・債券・手形などを担保として中央銀行から資金を借りたり，また手持ちの優良手形を中央銀行に割引いてもらって資金を補充するルートである。このときの中央銀行の貸出金利や手形割引金利を「公定歩合」という。②は中央銀行が「公開市場操作」によって市中の債券を購入（買いオペレーション）して通貨を増加させるルートである。もちろん売りオペレーションの場合は通貨が減少する。③は政府の委託によって中央銀行が外国為替市場で外貨の買い介入（たとえば円売りドル買い）による通貨供給のルートである。

3 預金通貨の創出，つまり信用創造について

　現金通貨は，中央銀行によるさまざまなルートを通じて供給されることを見てきた。現金通貨とならんでマネーサプライを構成する預金通貨は市中銀行によって創出される。市中銀行は預金者から預け入れられた預金残高のうち，支払請求に備えるために保有していなければならない一定の準備高を差し引いた金額は，他に貸出すことができる。このように市中銀行の全体では，預かった預金の数倍の貸出しが可能になる。このプロセスが市中銀行の「信用創造」である。

　いま，預金準備率を10％，最初に預け入れられた預金（本源的預金）を1000万円の場合を例にして信用創造のプロセスを見ていこう。まずA銀行へある企業から1000万円が預金されたとすると，A銀行は100万円を預金準備として残りの900万円を別の企業に貸出す。この企業がB銀行へ900万円を預金すると，B銀行は90万円を預金準備にして810万円を他の企業に貸出す。これがC銀行に預金されたとすると81万円が預金準備に729万円が貸出しに回される。このようなプロセスの結果，最初に預け入れられた預金の数倍の預金が創出されることになる。すなわちこの例の場合，

$$預金総額 = 1000 + 900 + 810 + 729 + \cdots\cdots = 1000(1 + 0.9 + 0.9^2 + 0.9^3\cdots\cdots)$$

$$= 1000 \times \frac{1}{1-0.9} = 10000$$

となり，本源的預金の10倍の信用創造が行われたことを示している。この式で表されている1／（1－0.9）すなわち預金準備率の逆数を「信用創造乗数」という。

4 マネーサプライと貨幣乗数

ここで，ハイパワードマネーと貨幣供給量（マネーサプライ）の関係を見ておこう。

中央銀行によるハイパワードマネーの供給は，本源的預金の変化や信用創造のプロセスを通して，その何倍かの貨幣供給量（マネーサプライ）を増加させる。この倍数が「貨幣乗数」（あるいは信用乗数）と呼ばれるもので，預金準備率と現金・預金比率の大きさに依存する。簡単にこの計算式を示しておこう。

ハイパワードマネーHは現金通貨Cと中央銀行預け金Rの合計だから，

$H = C + R$

マネーサプライMは現金通貨Cと預金通貨Dの合計だから，

$M = C + D$

いま現金・預金比率をα（$= C／D$），預金準備率をβ（$= R／D$）とすると，上の式から，

$$\frac{M}{H} = \frac{C+D}{C+R} = \frac{(C／D)+1}{(C／D)+(R／D)} = \frac{\alpha+1}{\alpha+\beta} \quad \cdots\cdots\cdots ②$$

したがって，

$$M = \frac{\alpha+1}{\alpha+\beta} \times H \qquad いま，m = \frac{\alpha+1}{\alpha+\beta} \quad とすれば，$$

$M = mH$

すなわちハイパワードマネーHはm倍のマネーサプライMをもたらす。このmが貨幣乗数である。この式からわかることは，マネーサプライの変化がハイパワードマネーH，現金・預金比率α，預金準備率βによって影響を受けるという

ことである。買いオペでハイパワードマネーを増やしたり，預金準備率を引き下げる政策は，マネーサプライを増加させ景気を刺激させる効果を持つ。また現金・預金比率について現金保有が高まればマネーサプライを低下させることにつながる。

第4節 利子率はどのように決定され，それが経済にいかなる影響を与えうるだろうか

1 貨幣の需給均衡と利子率

いままで貨幣の需要および貨幣の供給はどのように決められるのかを詳しく見てきた。ここでは，貨幣市場における貨幣の需給関係によって，利子率がどの水準で決定されるのかを説明することにしよう。

貨幣の需要は，貨幣の取引動機および投機的動機にもとづいて行われた。すなわち取引動機にもとづく貨幣需要 L_1 は国民所得 Y の増加関数 $L_1 = L_1(Y)$ で示された。また，投機的動機にもとづく貨幣需要 L_2 は利子率 i の減少関数 $L_2 = L_2(i)$ であった。

社会全体の貨幣需要 L は単純化して

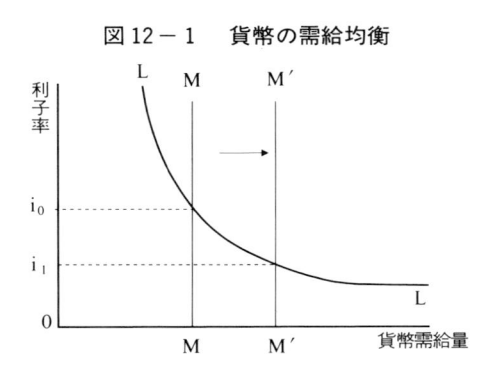

$$L = L(Y, i)$$

の貨幣需要関数（流動性選好関数）で示された。

図12-1 貨幣の需給均衡

いま縦軸に利子率，横軸に貨幣需給量をとり，この貨幣需要関数を図示すれば図12-1の貨幣需要曲線（流動性選好曲線）LLが描かれる。LL曲線は右下がりの曲線で示される。いま所得水準が一定

第4節　利子率はどのように決定され，それが経済にいかなる影響を与えうるだろうか　　　*181*

ならば，貨幣需要は利子率のみに依存し，利子率が高いと貨幣需要は減り，反対に利子率が低いと貨幣需要は増すことを示している。これは，利子率が低下すると債券の価格は騰貴するのであえて割高になった債券を購入せず，将来における利子率の上昇（債券価格の下落）を期待して，貨幣の保有を増大させる結果である。逆に利子率が高い（債券価格が安い）場合は，債券価格の上昇が見込まれるので，貨幣を手放して債券を購入するため貨幣需要は減少する。

さて，貨幣の供給量Mは，通貨当局（政府や中央銀行）の金融政策によって外生的に決定される所与の値あるとすると，それは利子率の高低にかかわらず一定であるから，図12－1のよう横軸に垂直なMM線で表される。

かくして貨幣の需給均衡式は，

　　$M = L(Y, i)$

で表され，利子率の均衡水準は貨幣需要と貨幣供給とが均衡する位置，すなわち図12－1のLL曲線とMM線の交点におけるi_0の水準に定まる。

いま，中央銀行が市中から債券を買い取るなどしてハイパワードマネーを増加させた場合，貨幣乗数の効果によって貨幣供給量（マネーサプライ）も増加するのでMM線は右にシフトしてM′M′線になる。このときi_0のもとでは貨幣の超過供給が発生するので，利子率i_0は超過供給を解消するi_1まで低下することになる。

またいままで所与としていた国民所得が増加した場合，貨幣需要曲線LLを右方向にシフトさせ，利子率は上昇し新しい均衡点に向かう。

2　金融政策の効果

中央銀行は，貨幣の需要と供給，それによって決定される利子率などを見ながら，経済にさまざまな影響を与える政策を行うことができる。そこで，中央銀行が行う3つの金融政策を取り上げその効果を見ていくことにしよう。この効果は貨幣の供給のところで詳しく見てきたが，もう1度整理しておこう。

　　公定歩合政策（貸出政策）　　公定歩合とは，資金不足の市中銀行が保有する優良な商業手形を中央銀行が割り引くときの割引

率，あるいは国債などを担保に貸出すときの貸出金利をいう。この公定歩合が引き上げられると，市中銀行は連動して顧客に対する貸出金利も引き上げるため，景気が過熱していたり物価が上昇しているときにはそれを抑える効果をもつ。反対に経済が停滞しているときには公定歩合を引き下げて，景気を刺激する。ただこの公定歩合の引下げ政策は，民間の資金需要が旺盛なときには高い効果が表れるが，借り入れ意欲が低い場合はその効果は薄い。

　公定歩合の変更は景気の先行きを見通す中央銀行の政策態度を示すもので，その決意が企業や家計の経済活動に影響を及ぼす場合がある。この効果がアナウンスメント効果といわれるものである。

公開市場操作　　公開市場操作とは，中央銀行が，金融機関・企業・個人など不特定多数の顧客に債券や手形を売買（売りオペ，買いオペ）してハイパワードマネーを調節する政策手段である。売りオペレーションは，中央銀行が手持ちの債券を公開市場で売却する操作で，市中から通貨量を吸い上げて金融を引き締める場合に行う。これはハイパワードマネーの減少を伴うことになる。反対に買いオペレーションはハイパワードマネーが増加し，市中銀行の準備預金も増え，銀行の貸出しも企業の資金意欲も刺激され景気は上昇へと向かう。

預金準備率操作　　法定準備率を変更する金融政策である。法定準備金とは市中銀行が預金残高の一定割合を中央銀行に無利子で預けなければならない中央銀行預け金で，この割合が高くなると市中銀行で行われる信用創造のプロセスが減退してマネーサプライは減少する。反対に準備率を引き下げれば，信用創造乗数の効果でマネーサプライが増加し金利も下がって，企業や家計の行動も活発になっていく。

流動性のわなと金融政策　　もう1度，図12-1の貨幣需要関数（流動性選好関数）を表すLL曲線にもどろう。いま利子率がある一定以下の低い水準になると，この水準での債券価格はかなり高まっていて債券の保有は大きな損失をこうむる危険性が生じる。この場合，たとえ利子率がさらに低下しなくても，この水準で人々は保有している債券を安全な貨幣に

変えようとするであろう。すなわち、この低い利子率の水準のもとでは、貨幣需要は利子率に対して無限に弾力的になる。これがいわゆる「流動性のわな」といわれるもので、図12-1におけるLL曲線の横軸に平行な部分がこれを表している。

　正常な貨幣市場であれば、金融緩和政策によって貨幣供給を増加させ、利子率を下げることで景気を刺激することができる。すなわち図のMM線はM´M´線にシフトして利子率i_0は超過供給を解消するi_1まで低下することになる。しかし、MM線がLL曲線の横軸に平行な部分、すなわち「流動性のわな」の部分で交わっていれば、いくら金融緩和政策でマネーサプライを増加（MM線を右にシフト）させても利子率は下がらず、貨幣保有の増加だけになってしまう。このように利子率を下げることができない金融政策は、景気対策として効果を及ぼさないことになる。1990年代末からの日本経済は、いわゆるゼロ金利に近いところに張り付いたままで、景気低迷が続いている。この意味で、流動性のわなに陥っている状態では金融政策の効果は期待できないということになる。

第13章　経済は循環すると同時に成長する

担当・片平光昭

キーワード＝循環的変動, 長期波動（コンドラチェフの波）, 中期波動（ジュグラーの波・主循環）, 短期波動（キチンの波・小循環）, 建築循環, 経済成長率, 資本ストック, 技術進歩

はじめに

　いままでわれわれのマクロ分析は, 国民所得の決定であれ投資の決定であれ, ある特定の時点で区切って, そこでの水準はどのように決定されるかを分析してきた。その時点では静止した経済状態のもとでの水準であって, 時間の変化を考慮に入れたものではなかった。いわゆる静態分析（静学分析）であった。

　もちろん昨年のGDPから今年のGDPがどれだけ変化をしたかという比較は, 分析の対象として取りあげた。しかしこれは昨年のある時点の数値と今年のある時点の数値とを比較したもので, その間の時間経過は考慮していない。それはあたかも昨年に写した写真と今年の写真を比べてその変化を見ているのに等しい。このような分析方法を比較静学という。

　それに対して, この章で分析される景気循環や経済成長は, 時間の経過とともにどのように変化していくかを分析する動態分析（動学分析）の手法が用いられる。それはあたかも場面が次から次へ変わる動画の世界である。

　資本主義経済は拡大と減退, すなわち上昇局面と下降局面の周期的な運動がくり返されてきた。これが景気循環である。19世紀から20世紀初頭にかけて資本主義経済は, 資本主義経済の病気ともいわれる周期的な景気変動に悩まされてきた。とくに1920年代に永遠の繁栄を謳歌していたアメリカ経済は, 1929年の株価暴落を契機に金融恐慌に突入し, それが未曾有の世界大恐慌へと広が

った。第2次世界大戦後は，各国政府にとっていかに経済変動を小幅に抑えるかが最大の政策目標となった。

　資本主義経済は，景気循環の周期的な運動をくり返しながらも長期的トレンドでみると拡大傾向をたどってきた。これが経済成長である。構造的ないし制度的な変化も含めた，いわば質的で断続的な経済の拡大を経済発展というが，ここではそれと区別して国民経済の量的拡大を経済成長ととらえて考察していく。

　世界第2位の経済大国の日本が1990年，バブル経済が崩壊して以降，失われた10年といわれて景気は深刻な状況を呈している。どうして？　また高度成長期を経験し，石油ショック後はある程度の安定成長を維持できた日本が，現在は低成長あるいはゼロ成長に陥り，なかなか停滞から脱しきれない。なぜだろうか？　この章の目的は，この「どうして？　なぜか？」について考えるための視点や材料を提示することにある。

第1節　景気循環とはどういう意味だろうか

I 景気循環の周期

　景気循環とは，総体的な経済活動水準の拡張と収縮が波状的にくり返す現象であり，この活動水準の変動は，雇用量，産出量，物価水準，販売量などさまざまな経済指標の動きを見ることによって分析することができる。ところでこの経済変動は，統計的研究からも長期的趨勢，循環的変動，季節的変動，偶発的変動の4つの変動が確認できる。

　長期的趨勢は，経済活動に上下運動をともないながらも経済活動水準が長期にわたって持続的に上方へ向う傾向を指している。この要因は人口増加，技術進歩，新しい発明や発見などで，この上昇トレンドは景気循環と区別して，後述する経済成長として取りあつかうのが一般的である。

　循環的変動は，経済活動水準の周期的な運動から長期的趨勢と季節的変動を

除去したもので，景気循環の中核になる変動である。ここの分析の中心もこの循環的変動が対象になる。

季節的変動は1年間の範囲内で起こる運動で，これは季節的な気候，習慣および政策などに係わるものである。たとえば年末における消費支出の増加，夏の観光地の売上増，収穫期における農産物の出荷量の増加，などがこれにあたる。

いままでの3つの変動はある規則性をもった動きであるのに対して，偶発的変動は不規則的変動とも呼ばれ，天災，戦争，ストライキなどのように確定した周期をもたない偶発的要因から起こるものである。

さてこれから景気循環の分析は循環的変動を中心にすえて考察されるが，長期的トレンドや他の要因から独立して存在するものではなく，相互関連を持ちながら変動しうるものである。従って，現実には成長循環とか循環的成長の形態をとるのが一般的である。

景気循環はその周期の長短によって，**長期波動**，**中期波動**，**短期波動**の3つに区分される。

長期波動　長期波動はその発見者の名前をとって「コンドラチェフの波」とも呼ばれ，平均50～55年を周期とする波動である。コンドラチェフは物価，利子率，賃金率などをもとに，1780年代末から1850年代初めまでの第1波，1850年代初めから1890年代までの第2波，そして1890年代から1920年代までの第3波と3つの長期波動の存在を発見した。この波動の要因は農業，技術革新，金生産，戦争にあるとしたが，シュンペーターやハンセンは主に技術革新（イノベーション）を主因として，第1波は綿業を中心とした産業革命，第2波は蒸気と鉄鋼に支えられた鉄道建設の興隆，第3波は電力・化学・自動車産業の発展をその要因としてあげている。最近のIT革命や新素材の開発，遺伝子情報技術，ナノテクノロジーなどの発展が第4波の興隆をもたらすとも言われている。

中期波動　長期波動の中に最短6年，最長13年，平均7～10年の周期をもつ中期波動の存在がジュグラーによって見出された。発見者の名前をから「ジュグラーの波」とも呼ばれる。この循環をひき起こす要因は，投資のなかでも主要な設備投資の変動にあるところから設備投資循環ともいわれる。こ

の中期波動をハンセンは「主循環」と呼び，景気循環の代表的な波動となっている。

短期波動　短期波動は「**キチンの波**」とも呼ばれ，キチンによってジュグラーの波のなかに約40カ月の周期をもつ3つの短期波動が発見され，クラムの検証によりその存在が明確化された。ハンセンはこの短期波動を「小循環」と呼ぶ。この波動の主因は在庫投資の変動であることから在庫循環ともいわれている。

この他にも，住宅，事務所，工場などの建築投資を要因とする，平均18～20年周期の建築循環がクズネッツらによって見出されている。これを長期循環とみなせば，コンドラチェフの波は超長期循環（ないし波動）ということが出来よう。

2 景気循環の局面

経済循環はいくつかの局面から成っている。この経済循環の局面を区別する方法あるいは表示する方法にはいろいろあるが，一般的には図13－1の景気循環図のように「回復」→「好況」→「後退」→「不況」という4局面で表される。図の縦軸には経済活動水準の高さが示され，横軸には時間の長さが計られている。

図のように，経済活動水準の最高点が好況の山（ピーク）であり，最低点が不況の谷（ボトム）である。谷（ボトム）から山（ピーク）までの過程が景気上昇期で，それは回復と好況の2局面に，また山から谷までの過程が景気下降期で，それは後退と不況の2局面に分けられる。景気の長さは「周期」と

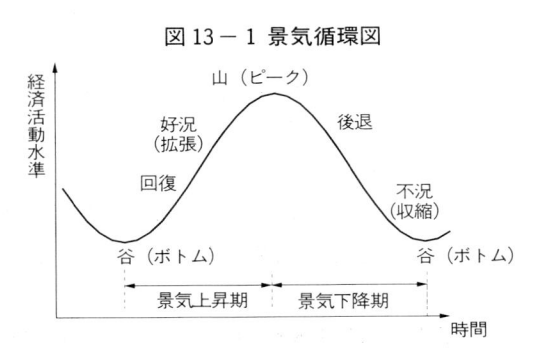

図13－1　景気循環図

呼ばれ，1循環の周期はいうまでもなく山から山まで，あるいは谷から谷までの期間をもって計られる。その距離は循環の時間を表し，また山から谷までの距離（高さ）はその循環の振幅の大きさを示している。

この景気循環の各局面による経済活動は，「好況」局面においては生産が活発化して，雇用や所得の増大をもたらし，企業の投資意欲も旺盛な場合である。また逆に「不況」局面では，需要が一巡して頭打ちになりその需要の減退によって企業の生産活動も縮小し，失業や遊休設備また倒産企業も増えて，所得も減少する場合である。この後退が急激に進行する場合が恐慌である。またこの景気後退がゆるやかに進む場合をリセッションと言うこともある。

第2節　景気の動きを知るには何を見ればいいのだろうか

景気の現状が，いまどの局面に位置しているかを判断するためには，さまざまな経済統計の数値を捉えて見なければならない。ここで代表的なわが国の景気指標をとりあげてみよう。

景気動向指数　経済企画庁（内閣府）で発表される景気動向指数は，全部で30系列の景気指標が用いられる。それらのなかで，現状の景気状況と一致して動く「一致系列」としては11種類，半年から1年くらい遅れて動く「遅行系列」は8種類，また景気に数カ月先行して動く「先行系列」11種類が取られ，それらを使って景気動向を観測している。それらは具体的には以下のとおりである。

　一致系列：生産指数（鉱工業），大口電力使用量，有効求人倍率，百貨店販売額，所定外労働時間指数（製造業），営業利益（全産業），稼働率指数（製造業）など

　遅行系列：家計消費支出（全国勤労者世帯），完全失業率，原材料在庫指数（製造業），最終需要財在庫指数，常用雇用指数（製造業），法人税収入など

　先行系列：新規求人数（除学卒），新車新規登録・届出台数（乗用車），日経商

品指数（17種），マネーサプライ（M₂＋CD），建設着工床面積（商工業，サービス）など

国民経済計算 国民経済計算（SNA）では国内で生産された財やサービスがどのように生産され分配され支出されたかをしめす統計であり，四半期ごとに作成されて，発表される。その中心になる指標は国内総生産（GDP）である。詳しいことは第9章を見て欲しい。

日銀短観 正式名は日本銀行の企業短期経済観測調査で，景気の諸指標について，主要企業の判断を聞き取り，景気を良いと見る企業の割合から，悪いと見る企業の割合を差し引いたものを業況判断指数として発表している。

景気ウォッチャー調査 経済企画庁（内閣府）は，公式な統計の補完として，景気に敏感な業種の従業員，たとえばタクシー運転手，パチンコ店店員，スナック経営者，商店街代表などから景気の現状と2〜3カ月先の予測についての判断を5段階評価で判断してもらっている。

われわれでも，アルバイト求人の多さ，旅行予約のやり易さ，ファミレスでのお客の混みかた，新聞のチラシ広告の種類や多さなどからその業界の景気状況を判断することもできる。

第3節　経済の成長を知るには何を見ればいいのだろうか

1　経済成長の意味

まず，経済成長とは，一国の国民経済の量的な規模が年々拡大していく状態を指している。一国の国民経済の規模は一般に国民所得や国内総生産（GDP）の大きさで表されるから，経済成長とはこの国民所得やGDPが上昇していくことを意味している。この国民所得やGDPの年々の上昇率を**経済成長率**といい，安定的なあるいは確実な経済成長率を確保し維持していくことが，各国政府の大きな目標になっている。

1960年代の日本は10%を越す高い経済成長率を達成して経済大国の礎を築いたが，その反面，公害やインフレなどの高度経済成長の後遺症も経験した。また一部の発展途上国は依然として離陸が困難であり，先進国でも低成長・ゼロ成長を脱しきれず，福祉社会への対応に苦しんでいる国もある。このように単に一面的に高い経済成長率を追求していくのも多くの問題を含んでいる。ただしこの節では，このような問題に深入りすることはせず，経済が成長していく基本的な要因を説明することで，諸問題を解決するための基礎的な材料を提示するのにとどめる。それを正しく理解して，諸君が自分で現実の問題を理解する努力をして欲しい。また，戦後日本の経済成長については，次章で詳しく考察されるので，それを参考にするとよい。

ここで，経済成長率の単純な計算式を示しておこう。現実の経済成長率をG，国民所得あるいは国内総生産をY，年次をtとした時（t−1はt年より1年前を指す），t年の経済成長率G_tは以下の式で示される。すなわち，

$$G_t = \frac{Y_t - Y_{t-1}}{Y_{t-1}}$$

である。ただしYが名目国民所得あるいは名目GDPであるとき，G_tは名目経済成長率であり，またYがGDPデフレーターで除した実質国民所得あるいは実質GDPの値であれば，G_tは実質経済成長率である。一般にインフレーション（物価上昇）のときは実質成長率より名目成長率が大きくなるため，実質的な経済規模を見るためにはその物価上昇分を除去しなければならない（これがGDPデフレーターで除すという意味である）。しかし2000年前後の日本の経済成長率はデフレーション（つまり物価が低下した）のため実質値よりも名目値の方が低くなっている。

2 経済成長をもたらす経済的な要因

経済成長をもたらす基本的ないし主要な経済要因としては，①資本ストックの増大，②労働力の増大，③技術進歩，の3つをあげることができる。

①資本ストックの増大　資本ストックとは，工場施設や機械など生産設備の蓄積のことで，投資はこの資本ストックの増加分にあたる。この資本ストックの拡大が生産量を増大させ国民所得の成長につながる。ここでいう資本ストックは民間の生産設備の蓄積だけではなく，道路，港湾，空港などの公的資本ストックあるいはさまざまな交通網や通信網などの社会基盤の充実なども含んでいると考えられる。社会全体の資本ストックの拡大は毎年の旺盛な投資によって支えられる。この投資が生産量の増加につながり，これがまたあらたな投資を呼び込むというまさに日本の高度成長期に見られた「投資が投資を呼ぶ」状況がこれにあたる。

ところでこの投資の資金は，国民の貯蓄からもたらされる。国民の貯蓄は，銀行や郵便局などの金融機関に預けられて企業や政府の投資資金に利用される。また国民の貯蓄が株式や公社債の購入に充てられれば，これも企業や政府の投資資金となる。このように国民の貯蓄が投資資金に利用されて資本ストックが増大し，生産の拡大を通して国民所得の増加につながる。この所得増加によってふたたび消費や貯蓄が増え，これが投資拡大を呼んで経済は継続的な成長経路をたどることになる。

②労働力の増大　経済成長には，資本ストックの増大とともに，この資本ストックを駆使する労働力の増加が必要である。労働力の増加とは，単に労働人口の増加を意味しているのではない。たしかに，少子高齢化による労働人口の減少は，さまざまな産業の衰退を招く恐れはある。しかし，ここで取り上げる労働力の増大とは，労働者の頭数が増える意味だけではなく，労働者一人ひとりの技術や能力の向上，すなわち生産物1単位当たりの労働生産力を高める意味も含んでいる。このために労働者が高い技術や知識を習得するための訓練施設の充実，社内教育を受ける機会の確保も経済成長に影響を与える。また労働者が自分の力をもっと効率よく発揮するために，ある企業や産業から別の企業や産業にスムーズに移る労働の移動性も改善も，全体として労働者の生産性を高め経済成長に寄与するであろう。

経済成長の要因として，労働人口の増大だけではなく，労働者の教育や訓練あ

るいは経験の習得によってより高い人的資源の蓄積が必要であることがわかる。

③技術進歩　景気循環の長期波動のところでも見たように，経済発展の歴史のなかで急速に成長している時期には必ずあたらしい技術革新が起こっている。蒸気機関の発明，鉄道や自動車の輸送技術の発達，石炭から石油化学へのエネルギー革命，最近のIT革命，半導体などの新素材の開発もこれにあたるだろう。このような製品の生産技術の改革のみならず，財やサービスの新しい管理・販売技術の開発，金融や物流システムの効率化，宇宙技術やバイオテクノロジー・ナノテクノロジーの応用技術の発展など，さまざまな技術進歩が経済成長の原動力になっているのは説明するまでもない。

3 経済成長をもたらす非経済的な要因

　資本，労働，技術などは成長の3要因ともいわれ，それらが重要かつ基本的な要因であることは，新古典派経済学の理論体系の中で容易に説明できる。だが，実は経済成長はこれらの経済的要因だけでは説明しきれないことは多くの経験から明らかである。とりわけ，欧米の先進国での経験から理論化した新古典派の理論では，これから西欧とはまったく異なる多くの非西欧社会の経済動向を説明することは難しい。つまり，基本的には経済成長とはいかに目的を効率的に実現するかであると見るなら，上記3つの要因以外にもさまざまな要因が考慮されるべきことは明白だからである。

　そこで，これらの経済要因以外にも実はさまざまな経済的・非経済的要因に注目する必要がある。いま，いくつかの例をランダムに見ながら，この問題を考えてみよう。たとえば，日本経済が戦後成長した理由として，国民の勤労意欲が高かったことが指摘されている。それはなぜかと考えると，まず国民の生活が貧しかったことがあげられる。つまりハングリー精神があったということである。しかし，豊かになったいまも国民は相対的にまじめで，勤労意欲が高い。それは日本が元来農耕民族だからだとか，性格が従順だからとか，働かないものは怠け者で評価されない，集団主義的だから，などといった風潮や国民性があるからともいえる。

また，戦後の日本の経済成長は，タテ型社会にふさわしい年齢が上がるにつれて賃金が上がる年功序列型賃金体系，一生安心して働ける終身雇用，ストをほとんどせず，経営に協力的な企業内組合などを基本とする日本的経営に基づく企業のあり方が大きな影響を与えたともいわれる。こうした日本的経営が成立するには，日本社会の静態性とか組織中心型の性格が作用しているといえるかもしれない。

　また，戦後の日本経済ばかりか，いまや先進国・発展途上国を問わず，政府の役割は決して無視できない。特に，遅れて発展を開始したアジアなどの非西欧社会は先行する先進国に追いつくために，できる限り手っ取り早く，効率的に経済を運営する必要がある。それには，目標を設定し，それに向かって資金，人材，技術などを重点的に投入する方が有利であろう。それをなし得るのは政府の仕事である。また，それらの要因が効率的に機能するために，制度や法律が必要になる。先進国の経験から産業構造はどうなればよいか，予め分かるだろう。そうすれば，政府はその都度必要な産業を目標に掲げ，それを効率的に実現するよう企業を誘導できる可能性がある。こうして，政府はさまざまな分野で大きな役割を果たす事が可能であろう。というより，善し悪しは別にして，政府のなすべきことはアダム・スミスの「安価な政府」論にもかかわらず，決して無視できないことがわかるだろう。

　また，今日では経済成長や経済発展をするには，工業化が不可欠である。工業化は概して輸出志向工業化である。また，工業化の後にはサービス化とかソフト化の時代が来る。そこで，まず工業化する場合にもソフト化する場合にも，それぞれの段階に応じた教育や訓練などが必要である。今日，先進国ばかりか発展途上国でも，教育を重視してきた国ほど工業化やソフト化が容易なのはそのためである。

　輸出志向工業化には国際環境が発展途上国にとっても有利な環境が与えられている必要がある。日本のような資源が乏しい国が工業化できた理由も，製品を輸出し製品を作るために必要な資源や原料を自由に輸入出来たからである。

　さらに言うなら，先進国の経済成長の経験から学ぶ国ほど有利だという見方

もありうる。たとえば, 19世紀に欧米社会の一部はイギリスなど先行者の経験から学んだが, 最先端を走る一部の国は独力で成長の軌道を切り開いていった。しかし, そこではさまざまな失敗もあった。長い間には, 多くの国で成功した事例も失敗した事例も存在する。そうした事例を教訓に, 遅れて出発した国は学ぶことができる。たとえば, イギリス, フランス, アメリカなどは発展の初期に, 制度や法律, 官僚組織, 金融機関などをそろえていた。これらは発展開始前の非西欧社会には皆無である。このため, 遅れて出発した国は先進国の経験を利用できる能力を身につけた国ほど, 比較的短期間に, 失敗を可能な限り少なくすることで, 効率的に経済発展を実現できるというわけである。こうした事例は今日, 多くのアジア諸国で見ることができる。中でも, 日本, 韓国, 台湾, シンガポール, 中国などはその典型的な国といえよう。

　このように, 経済発展とか経済成長には, 単に資本, 労働, 技術が揃えば簡単に実現するわけではないことが理解されるだろう。かくして, 今日では新古典派といえども, 単に市場とか経済要因だけで経済成長が可能だと考えているわけではない。この点も諸君が自ら現実の問題を見ながら, 考えて欲しい。

第14章　日本経済を経済理論で見るとどうなるだろうか

担当・長谷川啓之

キーワード＝国民経済計算, 経済成長, 景気循環, 小循環, 主循環, 建設循環, コンドラチェフ循環, 失業率, 消費者物価, 内外価格差, デジタル・エコノミー, 経済活動別国内総生産, IT革命, 産業政策

はじめに

　この本の最後の章で, これまで学んできたマクロ経済学とミクロ経済学の知識を使って, われわれの生活に密接に関わる日本経済について具体的なテーマをいくつか選んで, 考えてみよう。

　日本経済のマクロ的な側面を見るには, マクロ経済学の中心概念である国民所得（あるいはGNP）の動きを知ることが重要である。その出発点はケインズの「有効需要の原理」であり, それによれば「一国の生産量ならびに雇用量の大きさは, 有効需要の大きさによって決定される」。生産量や雇用量の大きさを決める有効需要の大きさとは, 国民経済計算という政府が発表している統計では, 簡単にいえば支出国民所得（これは政府の活動を除けば, 主として消費と投資, ならびに純輸出, すなわち輸出マイナス輸入の合計からなる）に相当する。国民所得統計では生産量は生産国民所得で示され, これらは国連に加盟するすべての政府が同一の方式で計測したものを, 毎年発表している。

　その生産国民所得は支出国民所得の大きさによって事後的に決定される。決定される国民所得は現実には毎年変化する。すなわち, 支出国民所得によって決定される国民所得が変化していくとき, 後で見るように, その動きを経済成長とか景気変動とみなすことが, ケインズ以後一般化してきた。それがマクロ経

済学，別名国民所得論である。

　また，ミクロ的な側面は経済主体といわれる企業とか家計に関連する部分である。ミクロ理論と現実経済との関連は多様かつ抽象的であり，往々にして分かりにくい。そこで，ここでは以下の点だけに注目して，勉強してみよう。まず経済主体は基本的に価格を目安にしながら行動するため，価格はいかにして形成されるのか，が重要である。価格は競争状態の下では，家計と企業の相互作用（需要と供給）で決まるが，いずれかが不完全な競争状態の場合，力が強い方によって価格が決定され易くなる。すると，価格は競争状態の下で決まる価格を上回る可能性があり，資源の効率的な配分を損ない，望ましくない。そこで，政府はしばしば競争を促す政策を行う。これが競争政策である。

　経済のミクロ的な側面にはこれ以外にも数多くあるが，それらの現実との関連性を考えることは経済学の入門としてはやや難しくなるので，ここでは扱わないことにしよう。

第1節　国民所得の理論と実際の国民所得の計算を比べてみる

　それでは早速，マクロの国民所得論から見ていこう。国民所得の概念には国内総生産（GDP），国民所得（GI），国民総生産（GNP），国民純生産（NNP）など，さまざまな概念があり，詳細に見れば単純ではないことはすでに学んだ。そこで，ここではとくに必要な場合を除けば，区別しなくても本質の理解には障害はないので，これらの概念をあまり厳密に区別しないで見ていこう。

　まず，政府が国民所得とか国内総生産に関して，毎年発表しているものが国民所得勘定とか国民経済計算（NSA）である。国民所得勘定というのは，一定期間に生産された財貨やサービスの価額を推計したものである。それには生産面（国内総生産とか生産国民所得），支出面（国内総支出とか支出国民所得），分配面（分配国民所得）の3つの側面からの推計方法がある。それらの推計量はすでに見たように，概念的には一致するので，これを「三面等価の原則」と呼んでいる。

第1節　国民所得の理論と実際の国民所得の計算を比べてみる　　197

表14-1　日本の国内総生産と国内総支出（2000年度）　　　　　　単位：兆円

国内総生産		513.1	国内総支出	513.1
	雇用者報酬	280.1	民間最終消費支出	286.9
	営業余剰・混合所得	93.5	政府最終消費支出	86.7
	固定資本減耗	98.7	総固定資本形成	134.9
	間接費－補助金	38.4	在庫増加	-1.6
	統計上の不突合	2.4	純輸出	＊6.2

出所：内閣府経済社会総合研究所編『経済要覧・平成14年度』,2002年
注　：①間接税は生産・輸入に課せられる税,②＊は輸出（55.6）－輸入（49.4）＝6.2。

　日本で行われている国民経済計算では，三面からの推計が採用され，三面での一致を図る努力がなされている。具体的には，生産面と分配面との一致を求め，現実の統計がはっきり把握される支出面との一致を図るために，表14-1から分かるように，その差を統計上の「不突合」として表している。このことは「短期的には」（この点についての詳しい説明は後で行う），支出が生産を決定している，すなわち有効需要の大きさが国民所得（または国民総生産）を決定することを示している。これは，現在の生産量を維持しようとするだけでも，企業は生産した財貨・サービスが売れない限り，次の段階で同じ量の生産ができなくなる（あるいは売れただけしか生産できない），ということを示している。

　国内の経済活動の付加価値総額を市場価格で評価したものが国内総生産であり，付加価値は雇用者報酬，営業余剰（10年ほど前からこれに混合所得が加えられた），生産・輸入に課せられる租税ならびに補助金（これはマイナス）である。国内総支出は国内生産物への支出の総額を市場価格で評価したものである。これがケインズのいう有効需要に相当し，その中身は民間と政府の最終消費支出，投資支出として総固定資本形成，在庫投資（在庫の増加），それに輸出から輸入を差し引いた純輸出からなる。

　それでは日本の国内総生産（一般にGDPを使うことが多いが，表12-2の2001年の統計はGNPで示す）や国民総所得（GNI），それを人口で割った1人当たりのGNIやGDPは国際的に見てどの程度なのであろうか。これは欧米数カ

表14-2 国民総生産(GNP)と1人当たり(GDP)の国際比較

	国内総生産(10億USドル)				1人当たりGDP(USドル)			
	1960	1980	1990	2001	1960	1980	1990	2001
アメリカ	503.7	2,795.6	5,803.2	9,900.7	*2,361	12,274	22,062	34,870
日　　本	44.5	1,067.9	2,996.2	4,574.2	477	9,146	11,282	35,990
イギリス	*56.3	541.0	980.7	1,451.4	1,091	9,481	17,083	24,230
フランス	*42.4	681.4	1,192.2	1,377.4	947	12,646	21,016	22,690
ド イ ツ	*47.6	809.9	1,501.2	1,948.0	877	13,160	23,742	23,700
イタリア	*26.9	449.9	1,094.8	1,123.5	547	7,973	18,987	19,470
スウェーデン	*10.3	124.9	228.1	225.9	1,391	15,030	26,648	25,400
シンガポール	0.7	11.7	37.5	99.4	433	4,862	13,130	24,740
韓　　国	3.9	62.2	252.6	447.7	156	1,632	5,893	9,400
イ ン ド	34.0	172.3	298.5	474.3	*69	255	358	474
中　　国	n.a.	303.8	383.0	1,131.0	n.a.	305	332	890

出所：日本銀行調査統計局編『日本経済を中心とする国際比較統計』各年版，IMF, *International Financial Statistics*, 1990-2000. World Bank. World Development Report. 2003.
注1：①いずれも名目値，②*は1958年，③ドイツは1990年まで西ドイツのみ，④n.a. は not available（不明）の略．

国とアジア数カ国とを比較してみるとよく分かる（表14-2）。まずGNIを見ると，圧倒的にアメリカのそれが大きく，2001年時点で見る限り，日本はアメリカに次いで大きい。続いて，ドイツ，イギリス，フランス，の順である。アジアを見ると，中国が日本に次ぐ大きさを示している。ついでに1人当たりGNIをみると，日本がトップ，続いてアメリカ，スウェーデン，ドイツ，イギリス，フランス，シンガポールとなっている。つまり，国民全体でみる場合と1人当たりで見る場合とでは国によってかなりの相違があることが分かる。

それは当然である。なぜなら，GDP（またはGNI）はいわば国全体を集計した値で一国の経済力を表すが，1人当たりGDP（またはGNI）はそれを国民1人当たりで見ているため，人口の規模によって異なるからである。なお後者はいわ

ば国民の生活水準を表すとも考えられる。だから,たとえば1人当たりGDP(またはGNI)は低くても,人口が大きいとそれらを合計(経済学では集計)したGDP(またはGNI)は大きくなり,それだけで経済大国ということができるだろう。インドや中国はそのいい例である。

第2節　戦後日本の驚異的な経済成長とその帰結

　これまでしばしば「短期的には」という言葉を使ってきた。そのことは普通1年以内を指す。国民所得は1年を限度として決定されるものを対象とする。だが,現実の経済は動いており,何年も何十年も連続して変化していく。そのことは1年目と2年目,3年目,というように,年度ごとの国民所得を見るだけではあまり意味がない。換言すると,最初の年の経済の中身がその後の経済に少なからず影響を及ぼすことを意味している。このことを国民所得が拡大していく場合,すなわち**経済成長**についてみてみよう。

　たとえば,日本経済は1953年ころから1973年ころにかけて,年率平均10%前後の高い成長率を毎年記録していた。ところが,1990年ころからバブルが崩壊して,経済が停滞したままの状態となっている。こうした動きは国民所得の動きを見れば理解できるという考え方が戦後の経済学の中で確立してきた。これは経済成長論とか景気循環論という分野である。ここで,その中身を詳しく述べることはできないので,日本の経済統計などを見ながら,ちょっとこの問題を考えてみよう。

　まず**表14-3**を見てほしい。そこには,1960年代から最近までの**経済成長率**がほぼ10年単位で示されている。これを見ると,日本経済は戦後かなり長期にわたって高い成長を記録したが,徐々に下がり始め,最近ではついにマイナスになってしまったことが鮮明に分かる。それは何も日本に限らない。つまり,先進国はどこの国でも最初は徐々に成長し始め,やがて急速に成長し,そしてまた徐々に成長率が下がり始めるという傾向が見られる。もっとも,最近はアメリカや西欧の一部のように,かなり安定した成長率を記録する先進国もあるが,こ

表14-3 戦後日本の経済成長とその構成要因の動き (年平均伸び率)　　単位:%

	1960~69	1970~79	1980~89	1990~99	1999	2000	2001	2002*
経済成長率	10.4	5.2	3.8	1.8	0.7	2.4	-0.2	-1.4
1人当たりGDP	15.1	17.7	10.5	3.9	-0.9	0.1	n.a.	n.a.
企業設備投資	19.1	4.0	8.1	3.8	-4.2	10.4	0.2	-1.7
最終民間消費	9.4	5.4	3.2	2.0	1.2	0.6	1.4	0.6
輸　　出	16.6	20.4	10.4	4.4	1.4	12.4	-7.0	0.5
輸　　入	15.4	22.0	6.7	4.0	3.0	9.6	-0.8	-5.4

出所: 経済企画庁編『アジア経済2000』,平成12年,『経済財政白書』平成14年,および『日本・景気指標』
注　: *は2002年1〜3月期と4〜6月期の平均。

の点は後に再度取り上げよう。

　それではなぜ経済は成長したり,成長率が低下したりするのだろうか。それにはまず支出国民総生産(または支出国民所得)を見ることが必要である。

　その中身は,市場での動きを反映するものとしては,投資と消費,それに純輸出(輸出から輸入を引いたもの)である。表にはすべての投資(これには企業の設備投資や公共投資など)ではなく,市場の動きを反映し易い,企業の設備投資だけが示されている。消費も民間消費支出だけで政府の消費などは含まれていない(現実の統計はかなり複雑だが,基本の理解にはあまり障害にはならないので,ここでは単純化して,国民所得論でいう投資は企業の設備投資,消費は民間の消費支出で代表させることにしよう)。そうすると,1960年代の高い成長を支えた要因は,企業の設備投資と輸出および輸入の伸びであるといえよう。外貨を稼ぐ輸出の伸びはいうまでもなく重要(輸出は外貨獲得源であると同時に需要の構成要因としても重要)だが,輸入の増加も日本経済の成長にとって重要であった。なぜなら当時は日本で生産可能な消費財(あるいは製品)の輸入より,成長に必要な投資財(機械のような将来の生産に使われる生産手段や産業用の建物,原材料など)や生産財(消費財の生産を助ける財)が大幅に必要であり,それらの多くを外国から輸入できなければ,成長が難しい経済構造になってい

表14-4 産業構成比の動き   単位：%

	産業別就業者比率			産業別国内総生産		
	農林漁業	鉱工業(製造業)	サービス業	農林漁業	鉱工業(製造業)	サービス業
1955	41.0	23.5　(17.6)	35.5	19.9	37.3　(28.4)	42.8
1970	19.4	34.0　(26.0)	46.6	6.1	46.6　(36.0)	47.3
1990	7.1	33.2　(23.5)	59.2	1.7	36.0　(23.5)	62.3
2000	5.1	31.2　(20.5)	63.1	1.4	36.0　(21.6)	62.6
2001	4.9	30.5　(20.2)	63.6	—	—	—

出所：『2001・日本経済統計年鑑・1960～2000』インデックス株式会社,2001年,内閣府経済社会所編『経済要覧』2002年,日本銀行調査統計局編『金融経済統計月報』第44号,2002年11月

たからである（ただし，70年代の輸入の大幅増加には2回の石油ショックが大きく響いている）。

その後は，輸出が輸入を大幅に上回り，外貨が急速に増えたため，日本企業の海外進出，海外旅行者の急増，製品輸入の増加などをもたらし，さらにバブルを引き起こす背景要因ともなった。

そうした動きの中で，日本経済の構造も大きく変化してきた。それを見るにはさまざまな指標があるが，ここでは産業構造に注目してみよう。つまり，どの産業にどのくらいの人が働いており，その分野で生み出す国内生産（あるいは付加価値）はどの程度か，を見るわけである。表14-4から，以下のことが分かる。

第1に，1955年ころには日本人の約40%が農林漁業（主に農業）分野で働いていたが，この分野の就業者はその後急速に減少した。第2に，当初（1970年代から1990年ころまで），農業分野で減少した人の多くは工業分野（これには建設業，電気・ガス・水道業なども入るが，中心産業は製造業）に移動したが，その後次第にサービス業に移り始めたと考えられる。第3に，こうした動きはアメリカなど先進国の動きとほぼ同じであり，今後はサービス産業，中でも知識・情報産業（とくにIT産業）で働く人が中心となることが考えられる。

就業者の移動はそれぞれの産業での付加価値（国内総生産）の動きにも表れ

表14-5 主要先進国およびアジア諸国の主要指標　　　　単位：％

		経済成長率(GDP)		1人当たり消費伸び率	輸出伸び率		粗投資伸び率	工業伸び率		工業化率(*)
		80〜90	90〜99	80〜98	80〜90	90〜99	90〜99	80〜90	90〜99	1999
主要先進国	アメリカ	3.0	3.4	1.9	4.7	9.3	7.0	n.a.	4.9	26 (18)
	イギリス	3.2	2.2	2.6	3.9	6.0	1.8	n.a.	n.a.	n.a.
	フランス	2.3	1.7	1.6	3.7	4.9	−1.6	1.1	0.6	26 (19)
	ドイツ	2.2	1.5	n.a.	n.a.	4.1	0.5	1.2	n.a.	n.a. (24)
	イタリア	2.4	1.2	2.1	4.1	7.2	−1.0	2.0	0.9	31 (20)
	スウェーデン	2.3	1.5	0.7	4.3	8.3	−2.2	2.8	n.a.	n.a. n.a.
アジア諸国	韓国	9.4	5.7	6.5	12.0	15.6	1.6	12.0	6.2	44 (32)
	台湾	7.9	6.4	7.9	10.5	7.5	8.4	7.2	4.7	33 (27)
	シンガポール	6.7	8.0	4.8	12.6	10.1	n.a.	5.3	7.9	36 (26)
	中国	10.1	10.7	7.2	19.3	13.0	12.8	11.1	14.4	50 (24)
	タイ	7.6	4.7	5.1	14.1	9.4	−2.9	9.8	6.7	40 (32)
	マレーシア	5.3	6.3	2.9	4.2	7.6	6.2	7.2	9.4	44 (35)

出所：World Bank, *World Development Report*, 2000/2001, 2002, 経済企画庁調査局編『アジア経済2000』, 2001年, および Council for Economic Planning and Development, Rep. of China, *Taiwan Statistical Data Book*, 2001.
注　：①*は国民所得に占める工業製品生産額の割合, ②n.a.は不明。

ている。すなわち，1955年ころは農林漁業の生産が国内総生産の約20％を占めていたが，始めは徐々に，その後は急速に減少し，代わって当初は工業が，その後サービス産業のそれが急速に増えてきた。こうした傾向を，主要国について2000年の統計（産業別のGDP）で見てみると，以下のとおりである。まず主要先進国ではアメリカが72％，イギリス74％，フランス74％，ドイツ71％，イタリア71％で，いずれも70％を超えている。アジア諸国・地域でも，台湾65.6％，フィリピン53％，シンガポール66％，マレーシア48％，タイ49％，韓国51％，ホンコン85％，中国34％となっている（*World Development Report*, 2002）。表14-2

の1人当たGDPの規模と照らし合わせて考えると，豊かな社会になるにつれて，サービス業の比率が高くなることが分かるだろう。

　このことは裏返せば，高度成長にはまず工業（とくに製造業）の役割が重要であり，そのために工業化のための投資が必要となる。それと同時に，その工業製品を輸出することで外貨を獲得し，それを使って成長と輸出に必要な生産に使う財貨・サービスを購入するという成長メカニズムを考えることができる（表14-3，14-5を参照）。しかし，近年は製造業や工業よりサービス経済化，さらには情報技術（IT）化が進み，サービス分野の構成比が増大してきたといえる。最近は，情報技術による生産性の急速な上昇を経験しつつあるアメリカを中心にIT革命ということがいわれており，それに成功した経済はニュー・エコノミーとかデジタル・エコノミーと呼ばれる。その意味で，今後は先進国，発展途上国を問わず，さらにサービス業（中でも情報・技術分野）の比率が高まることが考えられる。世界で最も進んでいるのはアメリカだが，アジアの中でもかなり進んだ国がある（韓国やシンガポールなど）。日本政府も，2005年にはIT最先端国家を目指してe-Japan戦略を展開している。

第3節　戦後日本の景気循環を見てみよう

　経済は成長すると同時に変動する。変動するというより，循環的な動きを繰り返すともいわれる。これが景気循環である。ところが，戦後多くの専門家によって「景気循環は死んだ」などといわれてきた。ここでは景気循環が死んだか否かの問題は問わないことにして，戦後の日本経済の循環の問題を考えてみよう。

　まず景気循環とは，何らかの理由によって経済ないし景気が良くなったり悪くなることで，それが何年かの周期（あるいは波長）で繰り返されることである。今日では，そうした現象を引き起こす原因として，さまざまな投資が指摘されている。たとえば，企業の在庫投資は40カ月ごとに周期を繰り返す。たとえば，景気が最悪の状態（これを谷という）から徐々に回復し（拡張局面），やがて

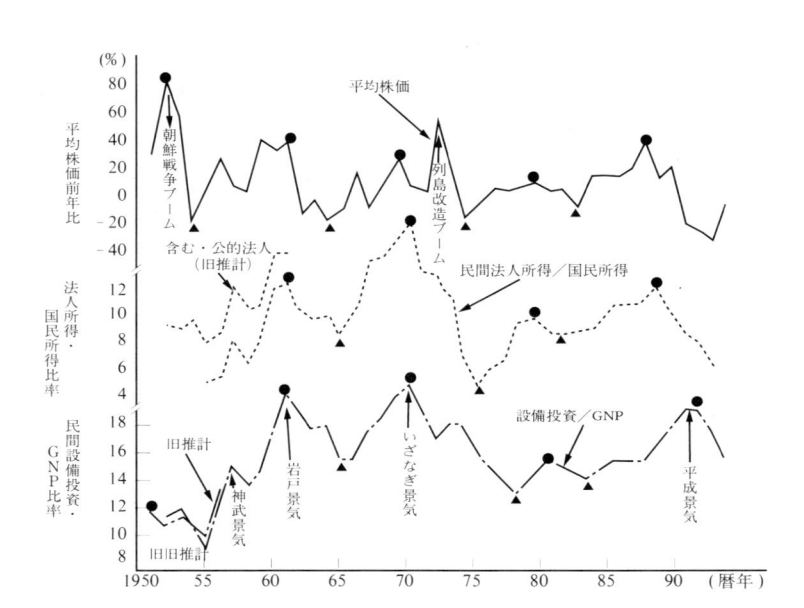

204　第14章　日本経済を経済理論で見るとどうなるだろうか

図14-1　中期循環の主要指標

出所：株価は日経平均株価東証225種年平均の前年比。ほかは国民所得統計による（原典は篠原三代平『戦後50年の景気循環』日本経済新聞社，1994年）
注　：●印，▲印はそれぞれの指標の山と谷を示す。

頂点（山とか峰という）に達し，そこから再び悪化し始め（後退局面），最悪の状態まで進むとすれば，それまでを景気循環の一周期という。この一周期が約40カ月だということを発見したのがキチンとクラムであることから，この景気の循環をキチン循環とかクラム循環ともいうが，一般的には在庫循環とか小循環と呼ばれている。

また，設備投資の変動に起因するとみなされる，1周期が7年から10年程度の中期循環とか主循環（あるいは発見者の名を取ってジュグラー循環ともいわれる）がある。また，建設投資に基づく20年前後を一周期とする建設循環（別名クズネッツ循環）も指摘されている。この他にも，一周期が50年前後という超長

表14-6 戦後日本の短期循環

	景気循環			期間		
	谷	山	谷	拡張	後退	全循環
第1循環		1951年 6月	1951年10月		(4カ月)	
第2循環	1951年10月	1954年11月	1954年11月	27カ月	10カ月	37カ月
第3循環	1954年11月	1957年 6月	1958年 6月	31カ月	12カ月	43カ月
第4循環	1958年 6月	1961年12月	1962年10月	42カ月	10カ月	52カ月
第5循環	1962年10月	1964年10月	1965年10月	24カ月	12カ月	36カ月
第6循環	1965年10月	1970年 7月	1971年12月	57カ月	17カ月	
第7循環	1971年12月	1973年11月	1975年 3月	23カ月	16カ月	39カ月
第8循環	1975年 3月	1977年 1月	1977年10月	22カ月	9カ月	
第9循環	1977年10月	1980年 2月	1983年 2月	28カ月	36カ月	64カ月
第10循環	1983年 2月	1985年 6月	1986年11月	28カ月	17カ月	45カ月
第11循環	1986年11月	1991年 2月	1993年10月	51カ月	32カ月	83カ月
第12循環	1993年10月	1997年 5月	1999年 1月	43カ月	20カ月	63カ月
第13循環	1999年 1月	(2000年10月)		21カ月		

出所：内閣府経済社会総合研究所編『経済要覧・平成14年版』，2002年

期の景気循環（コンドラチェフ循環とか長期波動ともいわれる）も指摘されている。これは18世紀以降，数回確認されたといわれるが，その主原因として企業を中心とした技術革新の集中的な発生とそれに伴う投資の高まりが指摘されている。問題はこれらの原因で発生するさまざまな大小の景気循環が相互に相殺し合ったり，加速し合って，現実には複雑な動きを示すことである。たとえば，主循環の波が下がっているときでも，技術革新に基づくコンドラチェフ循環が大きく盛り上がっているときには，現実の経済は必ずしも落ち込まないばかりか，上昇傾向をもつかもしれない。現在，日本政府も力を入れつつあるが，すでにアメリカを中心に起きているIT革命がそれを実証する可能性もある。

ところで，景気の動きを測定する指標は何かといえば，今日では国民所得や

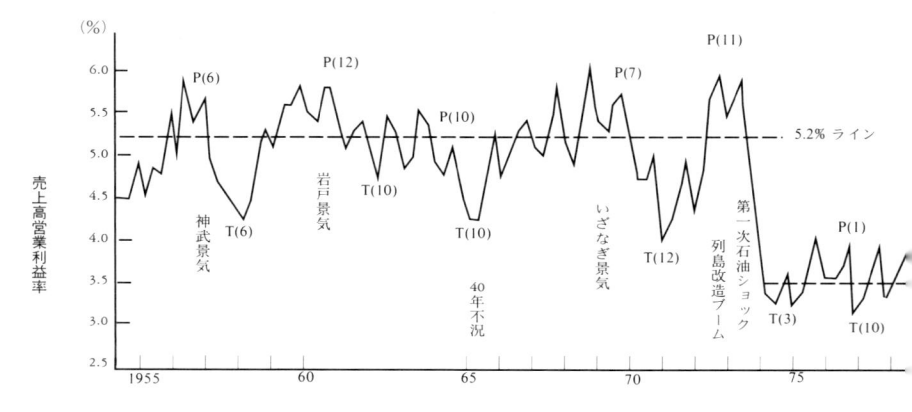

図14-2 売上高営業利益率と景気基準日付

出所：大蔵省『法人企業統計季報』（原典は図14-1に同じ）
注 ：景気基準日付は企画庁調べ。山はP，谷はTで表し，カッコ内は月を示す。

GNPを使うことが一般化している。景気がよければ国民所得が増え，悪ければ減る。経済成長も国民所得の増減で測定するため，両者の区別が難しい。つまり，現実の経済は変動や循環を繰り返しながら成長するというわけである。そこでこれを一言で表すと，成長循環ということもできる。しかし，一般的には両者は区別され，成長は長期的な現象とみなされ，景気循環は短期的な現象とみなされる。ということは，景気循環は小（在庫）循環とか主循環で見ることが多いことを意味する。

一般に，設備投資による主循環は戦後なくなったといわれ，在庫循環も在庫管理の発達によって消滅するといわれたが，いずれも存在するという指摘が篠原三代平氏によって指摘されている（図14-1，14-2を参照）。しかし，それは数も少なく，一般の景気循環としては在庫投資による小循環が広く知られている。政府も表14-6に示すように，これを発表している。そこで小循環を中心に考察し，それと主循環との関連性を見ることにしよう。

表14-6から以下の点が分かるであろう。第1に，戦後の日本の短期循環（小循環）はこれまで13回繰り返されている。これを見て気づくのは，景気循環の

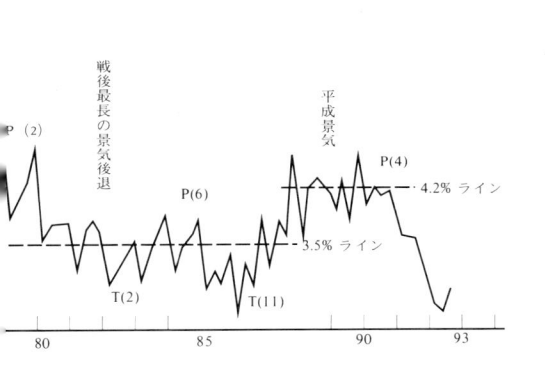

第3節　戦後日本の景気循環を見てみよう　207

拡張・後退の局面を含む全循環の長さの相違である。つまり，景気の循環は各循環で異なることである。第2に，この中で，第4循環（52カ月），第6循環（74カ月），第9循環（64カ月），第11循環（83カ月），第12循環（63カ月）の5つが50カ月を超えていることである。この点について，篠原氏は第1循環から第11循環までを対象とする分析において，短期循環の変動パターン自身がその背後にある主循環の局面の変化に強い影響を受けるとして，以下のように指摘している。「注意すべきは，短期の循環が，中期の投資サイクルと交錯したとき，循環の波長が長くなったということである。ちなみに，この4循環以外の7循環について調べてみると，平均波長が38.5ヶ月であるから，設備投資の中期的ブームが短波の波長に及ぼした影響は鮮明に浮かび上がるといわざるをえない」（篠原三代平『戦後50年の景気循環』日本経済新聞社，1994年，p.37-38）。

　このことは次のようにいうことができるであろう。すなわち，第1循環から第10循環まで，第9循環を除きすべて拡張局面が後退局面の期間を上回っている。このことはこれらの循環局面では設備投資が活発に行われた時期であり，主循環の影響が強く作用したと考えられる。すなわち，第4循環は岩戸景気，第6循環はいざなぎ景気，そして第11循環は平成景気と呼ばれる長期好況局面に当たっている。逆に，それらの時期以外は後退局面が拡張局面を上回っており，設備投資の影響が後退した時期とみなすことができる。とりわけ顕著なのは，第9循環の場合である。これは後退局面が拡張局面より10カ月も長いが，それは平成不況の時期であり，設備投資が大きく落ち込んだ時期である。

第4節　雇用と物価はどんな関係にあるのだろうか

　次に雇用と物価およびそれらの間の関係などを中心に見てみよう。まず現在日本で問題になっている雇用や失業の問題である。第1章でもふれたように，これはケインズが1936年『雇用，利子および貨幣の一般理論』の中で，理論的に分析したことで知られる。彼がこの本を書いた目的は，1930年代のアメリカから始まった大恐慌の世界的な波及と第1次世界大戦（1914～1918）の後遺症などによって影響を受けたイギリス経済の停滞と大量失業を解決するためであった。この『一般理論』が，世界の失業問題の解決に決定的な影響を及ぼし，これで失業問題はほぼ解決されたかに見えた。しかし，問題はそれほど単純でないことはやがて明白になってきた。それはその後の各国の統計を見れば明白である。

　まず日本の場合を統計で確認しておきたい。表14-7を見ると，日本の完全失業者は1955年には105万人いたが，その後経済成長とともに急速に減少し，

表14-7　日本の雇用と物価関連指標　　　　　　　　　　　　　　単位：万人，％

	雇　用				物　価		
	雇用者数	完全失業者数	完全失業率	有効求人倍率		卸売物価	消費者物価
1955	1,778	105	2.5	n.a.	1955～60	n.a.	1.1
1960	2,370	75	1.7	**0.61	1960～69	1.1	5.3
1970	3,306	59	1.1	1.41	1970～79	6.4	9.1
1980	3,971	114	2.0	0.75	1980～89	0.9	2.5
1990	4,835	134	2.1	1.40	1990～99	0.6	1.2
2000	5,356	319	4.7	0.59	2000	0.0	-0.7
2001	5,369	340	5.2	0.56	2001	-0.8	-0.7
2002	#5,329	#362	*5.5	*0.54	2002	-1.4	-1.2

出所：『経済財政白書』および『日本経済新聞』
注　：①＃は2002年4～6月期現在，②＊は2002年10月現在，③＊＊は1965年の値。

表14-8 主要国の失業率と物価動向　　　　　　　　　　　　　　　　　単位：％

	アメリカ		イギリス		ドイツ		フランス		イタリア	
	a	b	a	b	a	b	a	b	a	b
1960～70	2.9	4.6	4.1	2.8	3.2	1.1	4.2	n.a.	4.4	3.4
1970～81	7.2	5.3	14.4	4.3	5.0	4.4	9.9	n.a.	15.7	4.2
1980～91	4.2	7.1	5.8	9.5	2.8	7.7	5.7	9.2	9.5	10.3
1990～99	3.0	5.8	3.7	7.2	2.5	9.1	1.9	11.2	4.0	*11.6
2000	3.4	4.0	3.0	5.5	1.9	8.1	1.7	9.4	2.6	
2001	2.8	4.8	1.9	3.2	—	—	—	—	—	—
2002.10	2.0	5.7	2.1	3.1	—	—	—	—	—	—

出所：『日本を中心とする国際比較統計』各年版，World Bank, *World Development Report* 各年版，『日本経済新聞』2002年12月2日，および内閣府経済社会研究所編『経済要覧・平成14年版』，2002年
注　：①aは消費者物価上昇率，bは失業率，②*は1992～98年。

1970年にはわずか59万人になった。当時はもはや失業問題は解決し，考える必要のない問題というより，むしろ労働力不足さえ指摘された。ところが，バブルが崩壊する1990年には多くの企業が倒産したり，リストラをしたりした結果，完全失業者は134万人に増え，2002年10月には362万人となり，1955年の約3.4倍，1970年の約6.1倍となった。このため，失業率は1970年にはわずか1.1％に過ぎなかったが，2002年10月現在，男女合わせて5.5％と，過去最悪となった（男性だけでは5.9％で過去最悪を更新）。

　日本の場合，労働需要の大きさを示すために使われる指標に有効求人倍率がある。これは求人数を求職者数で割った値で示される。つまり，その値が1を上回るとき，求人数が求職者数を上回っており，職業の内容を問わなければ誰もが就職できる状態を表している（その逆は逆）。表から分かるように，2000年に入って有効求人倍率は1を下回っており，急速に就職が難しくなっていることが分かる。事実，多くの失業者が発生し，高卒者の就職率が6割などといわれるにい

たっている。

　こうした事態は日本に限らない。表14-8に，主要先進国の失業率が示されている。ここには主要先進国の消費者物価と失業率が1960年以後，ほぼ10年きざみの年間平均値で示されている。それを見ると，アメリカを除けば，高度な成長を実現していた60年代の欧米諸国はかなり失業率も低かった。ところが，70年代あたりから徐々に上昇し始め，80年代から90年代にかけて，急速に上昇し始めたことが分かる。これは経済の停滞と無関係ではない。すなわち，景気の悪化が続けば，企業は当然雇用を減らすため，失業者は増大するからである。この表にはないが，ヨーロッパでとくに失業率が高いのは，たとえばスペイン（1994年24.2％），オランダ（1997年15.3％）で，東欧諸国の失業率も軒並み高い。

　ところで，物価の動きはどうであろうか。まず日本の場合は，高度成長期にあたる1960年代から70年代にかけて消費者物価が急騰した。その一因として，たとえば企業間や産業間で大きな生産性上昇率の格差があると，それに基づく賃金の格差を埋めるために卸売物価が上昇し，それに伴って消費者物価が上昇するという構図があったことが考えられる。

　物価は欧米先進国でも1970年代から80年代にかけてかなり上昇したが，90年代に入って徐々に落ち着いてきた。さらに2000年代に入ると，日本の物価はますます低下し，物価下落が経済をますます後退させている。これはほぼ失業率と反比例する動きであることが分かる。つまり，極めて単純化していえば，経済が成長するにつれて失業者は減少し，それがある程度長期にわたると次第に労働力不足になり，賃金の高騰が物価を押し上げる可能性がある。もちろん，1970年代の物価上昇は世界的な現象であるが，それは70年代の2度の石油ショックに基づくものである。それが1990年代に入ると徐々に低成長へと転換し，失業者が増え，物価を引き上げる圧力が弱まってきた。こうしてみると，戦後の先進国ではどうやらコスト面からの物価上昇圧力が一般的なように思われる。

第5節　日本経済のミクロ的側面を見てみよう

　最後に，すでにミクロ経済のところで少し見たが，日本経済のミクロ的な側面についてもう少し考えてみよう。現実経済の中でミクロの問題を取り上げることは，マクロ的側面に関する問題と違って極めて難しい。というのは，たとえば理論的には家計は効用の極大化を，企業は利潤の極大化を，それぞれ目指して行動するとみなされるが，それらに関する理論を現実によって立証することは困難だからである。たとえば企業が競争市場で利潤の極大化を図るとすれば，そこでは，売上高－総費用＝粗利潤，が成立するが，それを結果として経済全体での集計量として示すことはできても，個別企業がどのようにして価格を決めるか，総費用はどのようになっているか，などについての詳しい統計を大部分の企業について見ることは難しい。つまり，あくまでも上の式が成立するとみなすのは，経済学の仮説とか説明方法に過ぎない。

　かくして，日本経済のミクロ的な側面を扱うことは容易ではない。そこで，ここでは理論と現実の関係を知ってもらうことが基本的な目的であるため，ミクロ経済学のすべてを日本経済に当てはめて説明することは避けて，若干の事例をランダムに見ることでミクロ経済理論と現実との関係を考えてみよう。

　日本経済のミクロ的な側面についてはさまざまな要因や問題があるが，ここではとりあえずそれらの中からいくつかを取り上げてみてみよう。まず表14-9を見られたい。そこには，若干の日本経済の

表14-9　日本経済の主要ミクロ指標

	エンゲル係数(%)	倒産件数	売上高経常利益率(%)	情報サービス業の売上高(10億円)
1955	47.1	605		n.a.
1975	34.7	12,606	1.9	275.1
1985	28.6	18,812	3.1	1,561.8
2000	21.2	18,769	2.1	10,722.8
2001		19,164		

出所：内閣府経済社会研究所編『経済要覧・平成14年版』，2002年
注　：売上高経常利益率は当期利潤利益を純売上高で割った値。

表14-10 家計支出の内訳　　　　　　　　　　　　　　　　　　　　　　単位：％

	総額	食料	住居	光熱・水道	家具・家庭用品	被服・履物	保険・医療	交通・通信	教育	教養・娯楽
1955	100	46.9	5.7	5.6	2.2	11.7	0.2	1.8	3.5	5.3
1985	100	27.0	4.6	6.4	4.3	7.2	2.5	9.1	4.0	8.9
2000	100	23.3	3.9	6.8	3.5	5.1	3.6	11.4	4.4	10.1

資料：内閣府経済社会総合研究所編『経済要覧・平成14年版』，2002年
注　：各項目を加えても100％にはならないのは，その他消費支出が含まれていないからである。

ミクロ的な指標が示されている。まず家計で見ると，生活の変化を知る1つの方法としてエンゲル係数（家計支出に占める飲食費の割合）が示されている。また家計支出の内容を見るには，表14-10を合わせて見るとよい。すなわち，エンゲル係数や生活必需品への支出などは生活水準が上がるにつれて低下するが，それに代わって生活の質を高める費目（交通費，教育費，教養・娯楽費など）は程度の差はあれ，上昇することが分かる。企業についてみると，経済の成長やグローバル化の進展とともに，企業の倒産件数は確実に増えているが，情報サービス業の売上高は情報化に伴って急速に増えている。しかし，企業の売上高利益率は高くない。日本企業の多くは，利潤極大化より市場占有率や売上高極大化に熱心であったことの表れといえるだろう。

　日本経済の特徴の1つとしてしばしば指摘されてきたのが，国際的に見て日本の価格と他の先進諸国のそれとの間に格差があるという問題である。これは内外価格差といわれ，それがなぜ生まれるのかが議論されてきた。要するに，「日本の物価は世界一だ」といわれてきたのだが，一体なぜなのであろうか。その点を考える前にまず，現実はどうなっているのか見てみたい。むろん，我々自身が現実に感じているように，長引く不況のため，最近はデフレ効果が働き，かなり物価が下がったように見える。だが，それでもまだ統計によれば，主要都市に比べて，東京の物価は高いといわれる。そこで，内外価格差を見るために，表14-11を見てみよう。これを見る限り，日本の価格は総合で，パリやベルリンとの格差は60％～70％と極めて大きいが，ニューヨークやロンドン，ジュネーブとは2

表14-11 費用別内外価格差 (欧米各年に対する東京の価格倍率, 2000年)

	対ニューヨーク	対ロンドン	対パリ	対ベルリン	対ジュネーブ
総合	1.22	1.21	1.60	1.71	1.23
食料品（酒類を含む）	1.49	1.66	2.01	2.36	1.24
耐久財	1.45	0.97	1.13	1.09	0.86
被服・履物	1.49	1.81	1.82	1.57	1.05
その他商品	1.25	1.09	1.35	1.53	0.91
エネルギー・上下水道	1.54	1.46	1.28	1.00	0.97
運輸・通信	1.11	1.15	1.44	1.34	1.08
保健・医療	0.83	1.68	2.25	5.32	0.38
教育	0.56	0.61	1.65	1.41	0.57
家事	1.57	1.21	2.04	1.60	1.72
一般サービス	0.90	0.91	1.19	1.49	0.85

出所：内閣府経済社会研究所編『経済要覧・平成14年版』, 2002年

割程度の格差が見られるに過ぎない。とくに，ジュネーブは全10品目中4品目で日本が高いだけであり，なかでも家事の格差が大きい。他では，日本が主要都市に比べてとくに高いのは，食料品，被服，保健・医療，家事などである。

内外価格差が大きくなる原因にはさまざまな要因が考えられる。日本の場合，人口の都市への集中による地価や人件費の高騰が指摘される。また，価格志向より品質志向が強いことのほかに，安いものより高いものを欲しがる傾向とか流行に弱いなどの国民性や社会・文化的要因も作用している可能性がある。経済学的にとくに強調されるのは為替レートによる影響（円高）である。円高が10%進めば，それだけで日本の物価は10%高く換算されるからである。

最後に，日本の産業構造について見てみよう。これは表14-12に示されている。産業構造（統計では経済活動別国内総生産）は経済の中身の変化を示しており，それを見れば長期的にも短期的にも日本経済の状況やその変化をある程

表14-12 日本の産業別国民純生産構成比　　　　　　　　　　単位：％

	1956	1970	1980	1990	2000
農林水産業	19.6	6.1	3.7	2.5	1.4
鉱業	2.1	0.8	0.6	0.3	0.1
製造業	24.8	36.0	29.2	26.5	21.6
建設業	4.5	7.7	9.4	9.8	7.3
電気ガス水道	n.a.	2.1	2.7	2.5	2.8
運輸通信などの公益事業	9.0	6.9	6.2	6.6	6.4
卸小売業	16.1	14.4	15.3	13.2	13.9
金融保険	7.3	4.3	5.2	5.8	6.4
不動産業	—	8.0	9.4	10.6	12.9
サービス業	11.9	9.6	11.7	16.1	20.3
公務	4.5	6.3	8.5	7.7	9.0
対家計民間非営利サービス	n.a.	1.0	1.8	1.5	1.8
合計	100.0	100.0	100.0	100.0	100.0

出所：内閣府経済社会研究所編『経済要覧』各年版
注　： n.a.は不明。

度知ることができるからである。

　まず1956年ころから最近までの経済活動別の国内総生産を見ると，それは大きく変化したことが分かる。第1に，農林水産業が大幅に減少し，サービス業が大幅に増加してきた。そのほかにも増加してきた産業に不動産業がある。製造業は当初は急速に増加したが，やがて徐々に減少し，建設業もほぼ同じ動きを示した。卸売小売業や金融保険業も若干の変動はあったが，概して大きな変化はなかった。

　こうした動きは先進国でほぼ共通の動きとみなすことができよう。そこで，今後の動向を簡単に予想するなら，製造業や建設業，電気ガス水道などの工業分野の比率はさらに減少し，それとは裏腹にサービス業の比率が大きく上昇する

だろう。なぜなら、サービス業の中の技術集約的な部分の重要性が、**デジタル・エコノミー**へと移行するにつれ、情報技術（IT）革命を通じて継続的に大幅に高まることが予想されるからである。

一般に**産業政策**は、政府が産業内部や産業間の資源配分の効率化、公正な所得分配、経済の成長と安定などを実現するために行う政策のことである。日本政府は、欧米より遅れて出発した日本のどの産業が発展すれば経済発展に有利かを考えて産業政策を実施してきた。すなわち、日本の産業構造は自然に生まれたものではなくて、政府がかなり意図的に産業の構成を変えてきたといえる。こうした政策は、基本的に欧米が行ってきた成果をなるべく失敗しないで短期間に実現する上で、かなり有効な方法であったといえよう。そのことは具体的にいえば、他の先進国と同様に「ペティ＝クラークの法則」に従って、日本の産業構造が第1次産業（農林水産業）から第2次産業（工業）へ、そして、さらに第2次産業から第3次産業（サービス業）へと変化させる政策が、資源配分上も効率的であり、経済発展にとっても有益であったことを示しているといえよう。日本の経験は欧米に遅れて出発したアジア諸国にとっても極めて有益な方法であるとして、今日では多くのアジア諸国がこれを評価し、政策の基本に据えている。

おわりに

以上で、現実の日本経済を取り巻く経済学的ならびにミクロ経済的側面から、いくつかの例をあげて考察した。いうまでもないが、これで日本経済のあらゆる側面を考察したわけではない。これまでマクロ、ミクロの経済理論を勉強したのだから、残った問題や新たに発生する問題については、諸君が自ら問題を設定し、それをどのように考えたらいいか、試してみて欲しい。たとえば、小泉首相は「改革なくして成長なし」と繰り返し述べている。これとほとんど反対の意見もある。つまり、改革しても成長はない、と。また、改革の中身がどういう意味なのか分かりにくいという意見も少なくない。本当に改革なくして成長は

ないのだろうか，あるいはどんな改革が成長に結びつくのであろうか。

　さらに，日本経済の将来はもはやないとか，日本経済はやがて破綻するなどという意見も耳にする。それはどういう意味だろうか。日本経済が破綻するといわれる場合，それは具体的にどうなることをいうのであろうか。そしてまたそれはなぜであろうか。かつての日本経済は奇跡の成長とか，21世紀は日本の時代，さらに「ジャパン・アズ・ナンバー・ワン」などともいわれたのはそれほど昔のことではない。それが一体，どうなったのであろうか。このように，自らさまざまな問いを提出し，それを自ら考えたり調べたりして，本当にそうなのか，と自問してみて欲しい。英語の単語をいくつ覚えても，英語がしゃべれるとは限らないように，単に経済学の知識をもっているだけで，それを現実の問題の理解や解決に役立せることができなければ，意味はないのだから。

索引

【あ行】

IT革命　*172, 186, 192, 195, 203, 205*
eコマース→電子商取引
いざなぎ景気　*207*
一物一価の法則　*75, 76*
岩戸景気　*207*
インフレ率　*115, 117, 121-123*
インフレーション　*29, 33, 61, 121, 190*
NNP　*127, 135, 136, 196*
NDP　*135*
エンゲル係数　*212*
卸売物価　*210*

【か行】

外部経済効果　*104, 106*
外部効果　*104-108, 110*
外部不経済　*104-106, 108*
価格規制　*75*
価格支配力　*88, 91*
価格のパラメーター機能　*33, 38*
価格の役割　*33, 36, 40, 53*
拡張局面　*203, 207*
家計　*14, 27, 33-40, 43, 44, 49, 63, 75, 115, 122, 127-131, 133, 137, 138, 156, 158, 164, 182, 188, 196, 211, 212*
寡占市場　*48, 88, 89, 97, 99, 101*
課税　*23, 75, 85, 86, 106, 108, 126, 129, 165, 167*
加速度原理　*163*

貨幣　*29, 51, 52, 53, 116, 118, 121, 126, 127, 135, 170-177, 179-183, 208, 301, 305, 307*
貨幣供給量　*121, 126, 176, 179, 181*
貨幣乗数　*170, 179, 181*
カルテル　*88, 100, 101, 102*
環境問題　*104, 105*
完全競争　*48, 75-77, 81-86, 88-92, 94-97, 104, 113*
完全競争市場　*75-77, 81-86, 88-90, 92, 94, 96, 104*
完全失業率　*188*
機会費用　*33, 43, 44*
企業戦略　*302*
企業内労働組合　*16*
企業内の資源配分機能　*63, 73*
技術革新　*7, 14, 40, 45, 46, 66, 92, 186, 192, 205*
技術進歩　*184, 185, 190, 192*
稀少性原理　*49, 52*
キチン（の波，循環）　*184, 187, 204*
供給曲線　*26, 37-41, 44, 45, 47, 49, 63, 64, 66-69, 71-73, 75, 77, 79, 80, 82-85, 91, 105-107, 112, 124*
供給の価格弾力性　*63, 67, 68, 70, 71*
競合性　*104, 110, 111*
競争促進政策　*88, 103*
協調的寡占　*88, 99*
共同体主義　*11, 16*

共有財　*104, 111*
均衡国民所得　*142, 143, 152, 153*
均衡国民所得の決定　*142*
近代経済学　*5, 11, 21, 23, 37*
近代経済成長　*11, 20, 21*
金融政策　*126, 171, 181-183*
逆選択　*104, 114*
クズネッツ　*11, 18, 20, 187, 204*
クズネッツ循環　*204*
クライン　*29*
クラウディング・アウト効果　*156, 168, 169*
クラブ財　*104, 111*
クラム循環　*204*
景気ウォッチャー調査　*189*
景気循環　*142, 163, 184-188, 192, 195, 199, 203, 204, 205-207*
景気動向指数　*188*
経済成長　*11, 16, 17, 20, 21, 25, 26, 115-117, 119, 121, 122, 142, 166, 167, 184, 185, 189-195, 199, 206, 208*
経済活動別国内総生産　*195, 213, 214*
経済主体　*33, 34, 35, 63, 75, 76, 105, 115, 127, 128, 137, 164, 196*
経済循環　*33, 34, 38, 49, 63, 127, 128, 130, 138, 187*
経済成長　*11, 16, 17, 20, 21, 25, 26, 115-117, 119, 121, 122, 142, 166, 167, 184, 185, 189-195, 199, 206, 208*
経済成長率　*25, 115, 117, 119, 121, 122, 184, 189, 190, 199*

ケインズ　*21, 25, 28, 29, 30, 115, 116, 125, 126, 128, 142, 144, 152, 160, 166, 174, 195, 197, 208*
ケインズ経済学　*28, 126, 142, 144*
ケインズ・モデル　*115, 125*
ケネー　*21, 23, 128*
ケインズ革命　*29*
建設循環　*184, 187, 195, 204*
限界革命　*11, 27, 28*
限界効用　*11, 27, 28, 49-53, 81, 82*
限界効用学派　*11, 27, 28*
限界効用均等の法則　*49-52*
限界効用逓減の法則　*49-52*
限界消費性向　*142, 148-154, 168*
限界費用曲線　*63, 65, 66, 82*
コースの定理　*31, 104, 109*
公開市場操作　*170, 177, 178, 182*
公共財　*104, 110-113, 127-130, 164, 165*
公共投資　*154, 156, 158, 200*
後退局面　*204, 207*
公定歩合　*170, 178, 181, 182*
高度大衆消費時代　*18, 20*
効用　*11, 25-28, 45, 49-53, 55, 76, 77, 81, 82, 105, 115, 158, 164, 211*
国内純生産→NDP
国内総生産→GDP
国民経済計算　*128, 134, 189, 195-197*
国民所得　*19, 20, 23, 30, 125-128, 132, 135, 136, 142, 143, 152, 153, 155, 157, 159, 163, 164, 168, 169, 175,*

180, 181, 184, 189-191, 195-197, 199, 200, 205, 206, 302
国民所得論　196, 200
国民純生産　127, 135, 196
国民総生産→GNP
個人主義　11, 16, 17
固定資本投資　138
古典派経済学　11, 21, 25-27, 144
雇用者報酬　136, 197
コンドラチェフ（の波，循環）　184, 186, 187, 195, 205
経済表　21, 128

【さ行】

在庫投資　138, 156-158, 187, 197, 203, 206
財政　17, 30, 126, 154, 164-168
産業構造　193, 201, 213, 215
産業政策　195, 215
参入障壁　76, 88, 89, 92-94, 101-103
三面等価の原則　127, 138, 196
GNP　23, 118, 133-135, 143, 195-197, 200, 206
GNPデフレーター　304
GDP　115, 117-120, 122, 125, 135-138, 142-144, 152, 153, 184, 189, 190, 196-199, 201-203, 213, 214
資源配分　27, 33, 35, 44-46, 63, 73, 74, 77, 81, 88, 104, 105, 108, 109, 165, 215
資源配分の効率性　73, 104, 105

支出国民所得　195, 196, 200
市場構造　88, 89, 92
市場の効率性　75, 84
市場の失敗　28, 30, 31, 48, 104, 106, 114, 164
市場メカニズム　33-36, 40, 44-49, 63, 71-74, 78, 104, 165, 166
失業率　16, 115-117, 120, 121, 163, 188, 195, 209, 210
実質産出高　117, 118
私的財　104, 110-112, 164, 165
資本ストック　125, 135, 138, 156, 159, 163, 184, 190, 191
資本の限界効率　160, 163
社会的厚生　75, 83-87
社会的最適　105, 106
終身雇用　16, 17, 193
囚人のジレンマ　88, 97-100
住宅投資　138, 156, 158
自由貿易　75, 86, 87
ジュグラー（の波，循環）　184, 186, 187, 204
主循環　184, 187, 195, 204-207
需要曲線　26, 33, 36-41, 44-47, 49, 52-61, 68, 69, 71, 72, 75, 77, 79-85, 90, 91, 93, 95, 105, 107, 112, 180, 181
需要の価格弾力性　49, 56, 58, 59, 60, 67, 68
需要の法則　49, 53, 60, 61
循環的変動　184-186
純投資　156, 159

シュンペーター　186
ジェボンズ　26-28
小循環　184, 187, 195, 204, 206
消費関数　142, 148, 149, 151, 152
消費財　14, 20, 34, 78, 79, 94, 95, 158, 200
消費支出　16, 34, 125, 137, 143, 147, 159, 168, 174, 186, 188, 197, 200
消費者物価　61, 118, 122, 195, 210
消費者物価指数　118, 122
消費者余剰　75, 81-87
消費性向　142, 146-154, 168, 303
乗数　142, 153-157, 159, 163, 168-170, 179, 181, 182, 301
乗数理論　142, 154, 163, 168
情報の非対称性　104, 113, 114
ショートサイドの原則　33, 42
所得の再分配　165, 167
所得線　142
所得フロー　127
新古典派経済学　11, 25, 26, 31, 126, 192
信用貨幣　170, 172
信用創造　170, 178, 179, 182
垂直的取引制限　88, 102, 103
スタグフレーション　29, 166
ストック　124, 125, 128, 135, 138, 156, 159, 163, 184, 190, 191
スミス　5, 11, 12, 21, 23-25, 39, 126, 166, 193
生活必需品　57, 68, 171, 212
生産国民所得　195, 196

生産財　200
生産者余剰　75, 81-87
生産物市場　34-36, 47, 127, 129-131
生産要素　23, 24, 34, 35, 44, 49, 124, 126, 127, 129, 131, 135, 136, 138
生産要素市場　35, 127, 129
静態分析　115, 124, 184
成長段階論　11
セイの法則　25, 28, 126
製品差別化　88, 89, 92-95, 97, 99, 101
製品輸入　201
政府支出　125, 126, 137, 143, 144, 148, 152, 154, 156, 167, 168
政府支出乗数　156, 168
政府の役割　30, 104, 108, 156, 166, 193
政府部門　34, 127-129, 158
設備投資　14-16, 73, 156-158, 163, 186, 200, 204, 206, 207
節約のパラドックス　142, 155
粗投資　156, 159
ソロー　30

【た行】

短期波動　184, 186, 187
短期分析　26, 115, 123, 124
知識・情報産業　201
知的所有権　91
中期波動　184, 186, 187
鋳造貨幣　170, 172
長期波動　184, 186, 192, 205
長期分析　26, 115, 123, 124

直接規制　104, 108
貯蓄性向　142, 146, 147, 150, 151
賃金　16, 24, 34, 35, 42, 43, 47, 65, 105, 120-124, 126, 133, 136, 144, 153, 163, 186, 193, 210
デジタル・エコノミー　195, 203, 215
デフレーション　33, 61, 123, 163, 190
デフレーター　115, 118, 122, 190
電子商取引　172
電子マネー　172
投機的動機　170, 174, 175, 180
投資財　14, 200
投資乗数　154, 157, 159, 168, 169
投資の限界効率　156, 160-163
投資の利子弾力性　156, 162, 169
投資誘因　160
動態分析　115, 124, 184
独占禁止法　100, 102, 103
独占市場　85, 88, 91, 93
独占的競争　46, 88, 89, 92-94, 97, 101
独立投資　159
取引動機　170, 174, 180
取引費用の経済学　9, 11, 31

【な行】

内外価格差　103, 195, 212, 213
日銀短観　189
ニッチ市場　88, 96, 102
日本的経営　11, 15-17, 193
ニュー・エコノミー　203
年功序列型賃金　16, 193

【は行】

ハイパワードマネー　170, 177, 179, 180, 181, 182
バブル　16, 81, 123, 145, 147, 150, 163, 185, 199, 201, 209
パレート　27
ハンセン　186, 187
ピグー税　104, 106, 108
非住宅投資　138
ビルトイン・スタビライザー　156, 167
フィスカル・ポリシー　156, 158, 167
付加価値　135, 136, 138, 197, 201
不完全競争　48, 75, 76, 88-92, 104
物価指数　118, 122
物品貨幣　170, 171
物々交換　170, 171, 173
プライス・テーカー　75, 76, 85, 90
プライス・リーダー　100
フリー・ライド　104, 112
フロー　124, 125, 127, 128, 134, 138
平均消費性向　146, 147, 151
平均貯蓄性向　146, 147, 151
平成景気　207
ペティ＝クラークの法則　215
ポランニー　14

【ま行】

マーシャル　26, 27, 28, 37, 39, 55, 75, 78, 80, 126
マーシャル的調整過程　75, 78, 80
マクロ経済変数　115, 117

マクロ分析　33, 184
マネー・サプライ→貨幣供給量
マルサス　23, 24, 25
ミード　30
ミクロ経済学　32, 33, 35, 37, 48, 115, 195, 211
ミクロ分析　33, 115
ミル　25, 26, 28
メンガー　27
民間部門　127, 128, 129, 130, 165

【や行】

有効求人倍率　188, 209
有効需要の原理　30, 142, 144, 152, 155, 195
誘発投資　159, 163
要素所得　118, 127
預金準備率　170, 177-180, 182
預金通貨　170, 172, 176-179

【ら行】

リカード　23, 24, 25
利潤最大化　7, 63, 64, 66, 90, 164
流動性選好　170, 174, 176, 180, 182
流動性のわな　182, 183
離陸期　11, 18, 19, 20
労働力人口　121
レモンの市場　104, 113
ロストウ　11, 18, 19, 20

【わ行】

ワルラス　27, 75, 78, 80
ワルラス的調整過程　75, 78, 80

執筆者一覧

長谷川啓之（はせがわひろゆき）　1938年生まれ。早稲田大学大学院経済学研究科博士課程修了。日本大学商学部・大学院総合社会情報研究科教授，経済学博士（早稲田大学）。

太田辰幸（おおたたつゆき）　1939年生まれ。慶応義塾大学経済学研究科博士課程修了。東洋大学客員研究員、非常勤講師。前東洋大学経営学部教授。経済学博士。

関谷喜三郎（せきやきぶろう）　1950年生まれ。日本大学大学院商学研究科博士課程修了。日本大学商学部教授。

片平光昭（かたひらみつあき）　1940年生まれ。日本大学大学院経済学研究科博士課程修了。日本大学商学部非常勤講師。前日本大学商学部助教授。

安田武彦（やすだたけひこ）　1962年生まれ。日本大学大学院商学研究科商学専攻博士後期課程修了。日本大学商学部助教授。

●

初心者のための経済学

2003年4月30日　第1版第1刷
2006年4月30日　第1版第3刷

著者
長谷川啓之・太田辰幸・関谷喜三郎・片平光昭・安田武彦
発行人
酒井武史

発行所　株式会社　創土社

〒165-0031　東京都中野区上鷺宮 5-18-3
電話 03（3970）2669　FAX 03（3825）8714
http://www.soudosha.com/
e-mail info@soudosha.com
カバーデザイン　如月あき
ISBN4-7893-0125-7　C0033
定価はカバーに表示してあります